À ma femme
pour la vie.
F.

CARNET DE BORD
D'UN STEWARD
DEVENU HÔTESSE DE L'AIR

Andréa COLLIAUX

CARNET DE BORD D'UN STEWARD DEVENU HÔTESSE DE L'AIR

Michel LAFON

Les noms, coordonnées et origines géographiques de certains personnages apparaissant dans ce livre ont été modifiés au titre de la protection de la vie privée. Cela ne change en rien la véracité circonstancielle du récit.

7-13, bd Paul-Émile-Victor, Île de la Jatte,
92521 Neuilly-sur-Seine Cedex

« On ne change pas de mémoire,
on peut tout juste mentir aux autres.

...

« En cherchant par tous les moyens
à être une femme parmi les autres femmes,
je voulais une identité. Et surtout
je voulais qu'on m'aime.

...

« Je suis prête à aimer qui veut de moi (...).
Aimer et être aimée me suffirait.
L'amitié serait la bienvenue, la tendresse,
l'affection me nourriraient déjà amplement.
Ainsi je pourrais changer de mémoire.
Ou du moins en ensevelir une partie (...)
pour une résurrection. »

Maud MARIN,
Le Saut de l'ange.

À Maud,
à Simone
et à mes sœurs qui ont fait
ou feront le même voyage.

PRÉFACE

Andréa dans l'espace : le temps des spasmes

Aujourd'hui, enfin, elle ne manque pas d'air. Et elle va pouvoir reprendre de la hauteur. Hier, avant-hier et tous les jours d'avant, elle passait le plus clair (qui était aussi le plus sombre) de ses jours à rechercher de l'oxygène. Elle en avait désespérément besoin. Pour revivre. Pour survivre. Pour vivre.

L'histoire vraie (qui va suivre) de Mademoiselle Andréa, jeune femme bien sous tous rapports, c'est l'histoire, à la fois très compliquée et très simple, de quelqu'un qui, pendant des années, a voulu réussir à respirer à son rythme, selon ses envies, selon ses goûts, selon sa nature profonde. Andréa qui, quand elle était petite fille, s'appelait Bruno a connu l'enfance étouffée de Cosette portant son grand seau dans la nuit noire. Sur une toile de fond d'une tristesse infinie, elle évoluait, avec des moues enfantines et des mines graciles, dans un enfer pavé d'insultes et de crachats qui constituait son quotidien. Haute comme trois boîtes de fond de teint, réfugiée dans la cabane au fond du jardin de ses grand-parents qui étaient les seuls êtres à la chérir, elle se tenait éloignée du monde extérieur, elle n'en aimait pas les réalités et elle ne rêvait que d'autres horizons, de départs pour de lointains ailleurs et d'envolées vers de purs sommets. Elle se sentait lancée sur une mauvaise route, dévalant une mauvaise pente. Bruno était une enfant perdue, une môme malheureuse et elle croyait que cet état de détresse somnambulique dans lequel elle évoluait ne prendrait jamais fin. Et durerait toujours. Mais c'était compter sans le rendez-vous que lui avait fixé le destin, désireux de chambouler l'ordre des choses et surtout celui de la nature.

Un beau jour, son grand-père et sa grand-mère décidèrent d'emmener Bruno qui avait alors huit ans pour de brèves vacances, le temps d'une excursion, de Dinard jusque sur l'île de Jersey. Papy acheta donc trois billets d'avion, se plaça seul sur une travée et les deux passagères, passagères il y avait puisque le mignon garçonnet avait l'apparence d'une frêle demoiselle, se retrouvèrent assises, au coude à coude, dans un moyen coucou de ligne régulière. Quand l'hôtesse l'aida à boucler sa ceinture de sécurité, celui qui était déjà Andréa dans sa tête s'aperçut qu'elle n'avait aucune appréhension.

L'avion roula sur la piste. Elle ignorait totalement où elle allait mais elle savait parfaitement à quoi elle échappait. Elle en avait, en effet, par-delà les oreilles de se faire tourner le dos, rouler dans la farine, pousser dans le caniveau et traiter de noms d'oiseaux. Son univers n'était tissé que d'humiliations répétées. Aussi la perspective de s'en éloigner, fût-ce brièvement, la ravissait au-delà du dicible. Elle ferma ses yeux qu'elle avait en amande effilée et elle frémit quand l'appareil décolla en s'arrachant du sol. En s'élevant dans l'azur, Bruno perçut d'emblée que plus rien ni personne ne pourrait l'atteindre et de cela, il sut qu'il se souviendrait éternellement. Andréa connut alors, là, pour la première fois de sa vie, un bonheur proche de l'extase. L'engin, nez dressé, grimpait à toute vitesse dans l'azur et Bruno planait, à deux doigts de l'orgasme, dans le ravissement. Les yeux clos, il découvrait un état cotonneux qui le faisait délicatement planer à mi-chemin entre le ciel et la terre. Il se sentait d'autant plus pousser des ailes qu'il prenait les choses graves à la légère. Immédiatement, il aima l'avion car il le rapprochait de ses parents qui étaient tous deux au ciel.

Le temps, semblant s'être arrêté à jamais, avait suspendu son vol tandis que l'avion continuait à prendre de la hauteur. Et cette ascension semblait, elle, ne jamais devoir cesser. Dans ce long habitacle aseptisé aux teintes claires et aux fauteuils profonds digne du paradis tel qu'il le rêvait, immaculé et silencieux, ouaté et frais, il prenait un pied d'enfer. Détaché de tout contexte, loin des vilenies ambiantes, proche du firmament espéré, il flottait dans l'espace et les spasmes. Dans sa forteresse volante, barricadée à en être inaccessible, elle était certaine que rien ne pourrait lui arriver. Andréa raconte maintenant que c'est de là, à cet instant précis, qu'elle eut l'illumination de ce que serait sa vocation. Au propre comme au figuré, elle comprit qu'il lui fallait s'élever pour trouver le salut. Puisque le monde extérieur la rejetait, elle se réfugierait dès lors dans un lieu autre, un vase clos, où aucune attaque ne la heurterait ou ne la démolirait. Dans la carlingue que caressaient, au-dehors, de merveilleux nuages épais comme d'énormes ballots de coton, elle se trouvait à l'abri de tout et elle décida, croix de bois, croix de fer, d'y rester pour toujours. Bruno rêvait un impossible rêve de pureté et de rigueur. Il avait soif de concordance entre son esprit et son corps. Il cherchait un accord parfait. Il voulait l'absolu. Et soudain, cet absolu dont il était en quête confuse lui apparaissait clair et proche.

« Tu seras une hôtesse de l'air, ma fille ! » lui chuchotait à l'oreille une petite voix qu'elle ne demandait qu'à écouter. À ses yeux, il apparut comme une évidence d'une clarté aveuglante que les hôtesses de l'air habitaient des palais volants en les-

quels tout n'était que luxe, calme et volupté. Elles baignaient en des effluves particuliers aux cabines d'avions mêlant les senteurs de parfums, les vapeurs de kérosène et les odeurs d'eaux de toilette. Elles bougeaient avec élégance dans des tenues chicissimes, suscitaient l'intérêt sinon les désirs des hommes qui les détaillaient avec attention des pieds à la tête lorsqu'elles paradaient dans l'allée en distribuant des revues de papier glacé ou des coupes de champagne frappé. Et, plus que tout, elles paraissaient protégées de la vindicte publique et à l'abri de tout. Ce moment de grâce, elle ne le raconte pas sur tous les toits puisqu'elle préfère le garder secret. Il est peut-être le plus important dans la vie d'Andréa puisqu'il décida de la suite de son existence et qu'il l'incita à embrasser la carrière. Toute sa vie, donc, Andréa a rêvé d'être une hôtesse de l'air, toute sa vie, Andréa a rêvé de voir le bas d'en haut, toute sa vie, Andréa a rêvé de s'envoyer en l'air. De s'envoyer en l'air dans le vrai sens du terme, c'est-à-dire de se catapulter dans l'éther, là-haut, là-haut, au plus près des étoiles, au milieu de nulle part pour y exister dans une sorte d'apesanteur. Il commença donc par être steward et elle va maintenant devenir hôtesse de l'air. La tête emplie des aventures de ses héros de bandes dessinées favoris Buck Danny et Natacha, elle voyait là une manière rigolote de jouer à la vendeuse de bimbeloterie et à la maîtresse de maison en recevant des invités à bord. Être hôtesse de l'air était, pour lui, un but ; ce devint, pour elle, un moyen. Le moyen de gagner son ciel, de réussir sa vie et de conquérir sa liberté. Et depuis, à ses yeux, la magie n'a jamais cessé d'opérer. Quand les portes se referment, les problèmes s'envolent mais ils reviennent quand elles s'ouvrent.

Andréa n'est pas un phénomène de foire ni une attraction touristique. C'est une personne singulière qui a choisi d'apporter un peu de douceur dans un monde de brutes. Avec de la classe et du chien, elle s'est, en effet, refusée à échouer dans les bas-fonds des paradis artificiels. Accrochée à son rêve de jeunesse, Andréa n'a rien d'une créature ambiguë aux charmes pervers. C'est un garçon qui a souffert et c'est aussi (ce n'est d'ailleurs plus que cela maintenant) une femme qui conserve ses pudeurs et n'étale pas ses sentiments. La lecture de ses aventures ne vise pas à inculquer la tolérance ou la compassion. Elle n'a besoin ni de l'une ni de l'autre. La tolérance reste l'apanage des forts qui veulent bien tolérer que des personnalités et des idées dissemblables des leurs existent. Il n'y a pas à tolérer Andréa et ses sœurs. Il y a à les accepter telles qu'elles sont ou plutôt telles qu'elles veulent être et à les laisser mener leur cheminement à leur guise. Il n'y a pas à leur manifester de la compassion. En une société qui n'accepte pas les droits aux différences et qui ne fait de cadeau à personne, un zeste d'intérêt et un geste d'affection suffisent. Andréa fait partie de ces personnages hors normes, de ceux que l'ordre social réprouve et que la morale publique persécute, qui ont souhaité mettre leur existence en harmonie. Drôle de dame, elle rayonne d'une vraie et joyeuse envie de vivre, à l'image de ceux et celles qui ont choisi, une fois pour toutes, de ne pas redescendre de leur petit nuage. Pour rester plus près des anges.

Henry-Jean SERVAT

AVANT-PROPOS DE L'AUTEUR

Pour tout dire...

Né le 7 mars 1966, j'ai été déclaré sous le prénom de Bruno. Mon père et ma mère ayant une vie professionnelle fort chargée, j'ai été élevé par ma famille maternelle jusqu'à l'âge de six ans. Puis mes parents m'ont repris à leurs côtés, pour une courte durée hélas puisqu'ils sont décédés peu après, le 31 mai 1973, au cours d'un tragique accident de la route dont j'ai été le seul survivant. Mon corps porte encore les nombreuses cicatrices dues aux multiples opérations que j'ai dû subir par la suite...

Très vite, le Conseil des tutelles m'a placé sous la responsabilité de mes grands-parents paternels, considérant que ceux-ci avaient les moyens de m'offrir une bonne éducation et des conditions de vie favorables à mon épanouissement. Une sorte de guerre – que je qualifierais plutôt de compétition – s'est alors instaurée entre mes deux familles, la paternelle et la maternelle.

Déjà, sitôt le décès de mes parents annoncé, ma famille maternelle s'était empressée d'aller vider leur appartement et d'en confier tout le mobilier à mon oncle (le frère de ma maman) et à sa jeune épouse, y compris les effets personnels tels que les vêtements et les bijoux de ma mère. À la morgue, ma grand-mère maternelle avait fait main basse sur les bagues de maman, ainsi que sur la somptueuse aigue-marine que venait de lui offrir mon père à l'occasion de ses trente ans (le jour même de sa mort). À ma majorité, j'intenterai un procès pour récupérer les alliances de mes parents, mais l'aigue-marine ne sera jamais retrouvée. Ce qui m'a brouillé pour toujours avec ma famille maternelle, que je ne côtoie plus depuis les années quatre-vingt et que je n'ai guère fréquentée, non plus, dans mon enfance.

*
**

J'étais un petit garçon très frêle et surtout très efféminé. Au point que les compliments fusaient, du genre : « Que vous avez une jolie petite fille ! » De guerre lasse, mes grands-parents paternels ne prenaient même plus la peine de signifier à leurs interlocuteurs que j'étais un garçon. D'autant que ma chambre était peuplée d'ours en peluche et de poupées Barbie aux accessoires et habits somptueux. Avec le recul, je me rends compte qu'en habillant mes poupées c'était un peu moi que je revêtais de robes magnifiques. Papy, le seul qui m'aimait, m'avait même construit une jolie maison en contreplaqué, sur deux étages. L'habitacle était meublé et les parois couvertes de papier peint. Là, Barbie recevait ses hôtes. Moi je n'en avais pas, car en dehors de mes heures de classe je ne voyais personne. Les garçons de mon âge jouaient au ballon dans la rue ou faisaient les quatre cents coups tandis que je jouais avec mes poupées ou avec l'énorme baigneur que j'ai traîné dans un landau des années durant, jusqu'à ce que mon chien Bobby finisse par lui ronger les mains puis la tête.

Bobby... Il avait fait irruption dans ma vie en 1973, après mon hospitalisation consécutive à l'accident, sur les conseils du médecin qui m'avait soigné. Bobby avait un but « thérapeutique ». C'était un amour de petit chien, sans race aucune, un mélange de Pollux et de Lassie. Mais il avait l'immense avantage de pouvoir être pris dans les bras, enlacé, cajolé. C'étaient des choses que je ne connaissais que par son intermédiaire, à mon plus grand regret... Ainsi s'est passée la seconde partie de ma petite enfance, entre jeux innocents et cours de récréation où l'on me prêtait plus volontiers « un amoureux » que son contraire...

Malheureusement, les écoles et les cours de récréation que je fréquentais allaient très vite devenir synonymes de toutes sortes de tracas, rires en coin, sarcasmes, coups bas, phrases assassines, infamies et tabassages en règle. On me traitait de « tapette » alors même que je ne comprenais pas le sens de ce mot.

Plus tard, lors de mon entrée en sixième (dans une école religieuse pour garçons), la « tapette » est devenue « pédé » ou « pédale ». Au choix ! Moi qui aimais tant la présence de quelques copines de jeux en primaire, c'en était terminé. Au collège, on ne faisait pas que cacher mon cartable : on me le dérobait, sans compter mes vêtements qui disparaissaient et mon repas de midi qui était bien souvent réquisitionné par un plus grand. Au point qu'un jour, en plein hiver, le ventre vide, je me suis effondré dans la cour de récréation. Mon petit Papy fut appelé en urgence afin de venir me récupérer. Monsieur le Proviseur lui avoua être incapable de gérer la situation, et l'incita à m'inscrire dans un collège mixte pour éviter ces problèmes. Ce qui fut fait, à mon grand bonheur, d'autant que dans ma nouvelle classe je faisais la rencontre de mon équivalent féminin : celle-ci prenait un malin plaisir à bastonner tous ceux qui s'aventuraient sur notre terrain de jeux ou se risquaient à nous insulter.

Jusqu'à ce que je quitte le collège pour le lycée, en troisième, j'ai vécu des années d'insouciance, de cabanes dans les bois du côté de Saint-Rémy-les-Chevreuse, sans oublier la maisonnette que mon

Papy m'avait construite dans le fond du jardin et où je faisais pousser toutes sortes de plantes. C'était « chez moi », au sens propre du terme, un repaire où l'étranger que j'étais à ma famille (Papy mis à part) comme à ceux de mon âge pouvait trouver refuge après les sempiternels déjeuners dominicaux où l'on me servait invariablement de la tête de veau ou de la langue de bœuf. L'odeur en est encore présente à mon esprit, à mon grand désespoir, moi qui suis maintenant végétarienne.

Entre-temps, bien sûr, ma puberté ne s'était pas déclenchée. Je gardais un visage androgyne, sans barbe, et un corps imberbe. Quant à mes organes génitaux, ils ne semblaient pas vouloir se développer. Mes grands-parents commençaient à se poser de sérieuses questions quant à mon apparence, mais aussi quant à mon comportement. Ils me firent consulter à l'hôpital Saint-Vincent-de-Paul, à l'époque hôpital des Enfants Malades. Et là, on ne trouva rien de mieux que de me prescrire une série d'injections d'hormones mâles. La pire des choses qu'on m'ait jamais faites : certes ma puberté se déclencha, la barbe et les poils sont apparus, mes attributs masculins se sont épanouis. Mais que de souffrance dans ma tête ! La personne que j'avais en face de moi, lorsque je me regardais dans la glace, m'était inconnue ; non, ce n'était pas moi, ce n'était *plus* moi ! Certes, selon la volonté de mes proches et des médecins, j'avais le corps et les organes d'un garçon, mais j'étais dans une confusion totale et il en résulta ce qu'un psychothérapeute qualifiera plus tard de « trouble de l'identité de genre[1] ».

*
**

À dix-sept ans, je suis plus efféminé que jamais. Ma façon de m'habiller unisexe et ma prédilection pour les chapeaux et les foulards me valent d'être renvoyé d'un lycée catholique. Il est également vrai que je commence à rechercher la compagnie des garçons, non pour leur complicité ou leur amitié, mais pour tout autre chose...

Passionné de haute couture, je débute alors une courte carrière de mannequin, au profond regret de mes grands-parents. Puis je fais connaissance avec la ligne B du RER, direction « la liberté » et mes premiers émois amoureux avec Christophe, un étudiant en médecine qui me reçoit tous les vendredis après-midi dans son petit home du quartier Montorgueil. Mon vieux Bobby venant de mourir, Christophe prend le relais de ses câlins. C'est une telle découverte pour moi que je ne peux m'empêcher d'en faire part à mon journal de bord, que je tiens depuis plusieurs années déjà. Ces confidences écrites, Mamie, suspicieuse, va les

1. Pour la définition de ce « trouble », voir *Diagnostical statistical manual for mental disorder*, Éd. Masson, 4e édition.

découvrir... et comprendre par la même occasion les raisons de mes virées parisiennes du vendredi après-midi. Enfer et damnation ! Je ne fais pourtant rien de mal : je me donne à mon amant. Barbie ne se faisait-elle pas sauter par Ken, et Sue Helen par J.R. dans *Dallas ?*

En revanche, ce que ma grand-mère ne peut pas comprendre, c'est qu'en l'occurrence je ne considère pas avoir de penchants homosexuels. Si j'ai les attributs d'un garçon, je n'en suis pas un dans ma tête, ni dans mon cœur. Dès lors, en toute logique, je ne peux avoir qu'un « petit copain »... Il n'en reste pas moins que Mamie appelle Christophe et menace de le poursuivre devant les tribunaux. C'en est fini de notre intimité. Je me retrouve seul, incompris, malheureux.

Peu à peu, la situation devient si conflictuelle que le juge des tutelles, à la demande de mes grands-parents, me fait émanciper ; je suis méchamment prié de quitter le domicile familial. Je n'entrerai pas dans les détails, mais il se trouve que des placements hérités de mes parents me permettent de louer un petit studio et d'achever mes études comme je l'entends. Or j'ai choisi de me former au secrétariat dans un lycée privé situé près du Panthéon. Si je n'apprends pas grand-chose à part taper à la machine, au moins on ne me traite pas de pédé : à douze mille francs le trimestre de scolarité, personne ne se permettrait de le faire...

Je ne dispose pas de grands moyens et ma

pseudo-carrière de mannequin s'étiole (« pas assez viril ! »), mais je suis « libre », je sors le samedi soir, je fais des rencontres, j'ai un certain succès auprès des hommes, et j'en profite. Après tout, en mon for intérieur, ne suis-je pas une « belle grande jeune fille » ? Les garçons que je fréquente sont homos, certes, mais eux seuls peuvent me donner ce que je suis en droit d'attendre en tant que « femme ». D'ailleurs, homos, ils ne le sont pas à cent pour cent : il s'agit plutôt de bisexuels, voire d'hétéros qui voient en moi l'occasion d'essayer quelque chose « de nouveau » en se donnant bonne conscience... Quoi qu'il en soit, ces aventures ne me comblent pas et se soldent toutes par un échec.

Auprès de ces hommes, je recherche ce qui m'a toujours manqué : de l'attention, de l'affection, la chaleur d'un corps contre le mien, et de la protection. Le seul qui m'a offert tout cela se prénomme Marc. Lui-même est steward à Air France. Nous partageons le goût de la décoration, de l'élégance raffinée, des voyages aussi lointains qu'ensoleillés. Sa mère, que j'appelle Mamina, est devenue ma seconde maman.

Nous nous sommes rencontrés via une petite annonce que j'avais passée dans *Libé*. Un ami la lui avait découpée et il m'avait écrit, mais entre-temps – par le plus grand des hasards – nous avions déjà fait connaissance à la terrasse d'un café. Lorsque sa réponse m'est parvenue, comprenant aussitôt de quoi il retournait, je l'ai appelé pour lui donner rendez-vous... sans me dévoiler, bien sûr. Quelle n'a pas été sa surprise de tomber sur moi !

Après six années de vie commune nous nous sommes séparés, mais il est resté mon ami le plus proche, mon grand frère, mon confident...

*
**

La transsexualité, j'en avais entendu parler dans les journaux, les magazines, à la télé, mais je ne savais pas vraiment de quoi il retournait. Fin 1989, une de mes amies m'a proposé de rencontrer une « trans » qui habitait son immeuble. C'est ainsi que j'ai fait la connaissance de Gwenaëlle, qui étudiait à la fac. Elle était en pleine transformation. Nous avons longuement parlé en prenant un thé, je m'en souviendrai toute ma vie. Pour la première fois de mon existence, je me trouvais en compagnie d'un autre « moi », et qui plus est cette « sœur » pouvait répondre à toutes mes questions, à toutes mes angoisses. Elle m'a raconté son parcours, indiqué la marche à suivre pour devenir une femme à part entière, les médecins à contacter, elle m'a encouragée à renaître.

Depuis toujours, en France, la transsexualité est considérée comme une maladie psychiatrique. Une maladie que l'on soignait alors à l'hôpital Fernand-Widal, dans le Xe arrondissement. Inutile de dire, dans ces conditions, que mon premier contact avec le Pr Vigon (qui avait créé cette antenne spécialisée) a été plus que déstabilisant : traumatisant. « Homosexuel efféminé » furent les seuls mots qu'il prononça à l'issue de la consultation. Du coup je décidai, avec le soutien et l'appui de Gwenaëlle, de remettre ma transmutation (ma transformation médicale en femme) à plus tard. D'autant que, sans emploi fixe, j'étais dans l'impossibilité de me payer une épilation de la barbe à l'aiguille – une intervention fort onéreuse – et tous les traitements qui vont de pair, traitement hormonal et, finalement, opération. Tandis que Gwenaëlle allait au bout de sa démarche en se faisant opérer à Londres, je poursuivais ma route solitaire, avec pour tout palliatif la fréquentation de garçons homos qui se lassaient de moi parce que je n'étais pas assez « mec » à leur goût mais qui me donnaient à leur insu ce que moi je cherchais chez eux. Qu'ils me le pardonnent !

*
**

Fin 1996, j'ai songé pour la première fois à mettre fin à mes jours. Je venais d'intégrer Air Charter en tant que steward, et j'étais en butte à la méchanceté d'une instructrice qui ne voulait pas entendre parler de Noirs, d'Arabes ou de pédés. Évidemment, elle m'avait rangé dans la case « pédés ».

Une autre fois, lors d'un embarquement passablement mouvementé à l'aéroport Roissy-Charles de Gaulle, des passagers surexcités qui craignaient la présence d'un terroriste parmi eux déclenchèrent une véritable émeute au cours de laquelle je fus poussé par-dessus bord. Pourquoi moi ? Avais-je vraiment l'air d'un terroriste ? Je ne dois qu'à la présence d'esprit d'un conducteur d'aérobus, qui eut le temps de rapprocher sa plate-forme, de ne pas m'être écrasé sur le tarmac, à plus de six mètres en contrebas... J'ai porté l'affaire devant les tribunaux et obtenu gain de cause contre mes agresseurs, qui ont été condamnés à me verser des dommages et intérêts.

*
**

Aussi mal dans ma peau que dans ma vie sociale, j'ai fini par me résoudre à reprendre contact avec l'hôpital Fernand-Widal. L'antenne spécialisée avait été fermée mais une nouvelle équipe lui avait succédé à l'hôpital Sainte-Anne. Celle-ci m'a fait suivre une thérapie de trois années dans le cadre d'un protocole rigoureusement fixé.

Il s'agit en effet de savoir si vous êtes un vrai transsexuel et non pas un homosexuel efféminé, un travesti ou un schizophrène, c'est-à-dire quelqu'un qui ne se sentira bien ni dans la peau d'un garçon ni dans celle d'une fille. Les médecins se doivent d'être prudents, car les cas de schizophrénie peuvent par exemple se solder, après l'opération, par un suicide.

Après avoir rempli toutes les conditions qui définissent les « cas de transsexualité réels », ou quelque chose du genre, je me suis vu octroyer le droit à un traitement de réassignation hormonale [1], ainsi que celui de subir une vaginoplastie. Ce terme un peu barbare pour moi implique de se débarrasser de ses attributs masculins pour se faire faire un vagin. À la suite de quoi mon état civil sera modifié et je pourrai obtenir de nouveaux papiers d'identité, ainsi qu'un numéro de Sécurité sociale commençant par un 2 et non plus par le 1 qui indique le sexe masculin.

Tout cela n'aura pas été sans mal, mais j'ai choisi ma vie et j'ai eu raison. Les hormones et les épilations ont déjà donné de très bons résultats. Et maintenant que je suis devenue « crédible », maintenant que mon corps est en harmonie avec mon psychisme, oubliés les petits sobriquets qui font mal, je nage en plein bonheur. On me donne du « Madame » par-ci, du « Mademoiselle » par-là, et chaque fois que je l'entends je sais que j'ai gagné, car il n'y a plus d'ambiguïté possible. J'ai aujourd'hui ma place dans la société, et je pourrai bientôt, après l'opération, cocher la case

1. Cette fois-ci, il s'agissait bel et bien de m'administrer des hormones féminines...

« Madame » sur les documents officiels. Qui a les oreilles décollées ne fait-il pas appel à la chirurgie afin de « corriger » cette disgrâce naturelle ? Il en va de même dans les cas de transsexualité : la chirurgie ne fait que « corriger » ce que je qualifierais d'« erreur de la nature ». Quant à avoir des rapports sexuels avec des hommes, cela ne prendra plus une connotation « anormale ». La meilleure preuve en est que mon psy lui-même en est arrivé à la conclusion que ma sexualité était bel et bien « hétéro », puisqu'en ma qualité de femme j'avais des rapports réputés « normaux » avec le sexe masculin...

Une nouvelle vie s'ouvre devant moi. Mais pour parvenir à ce seuil de lumière, quel parcours du combattant ! Plus de deux ans d'angoisses, d'hésitations, de traitements douloureux – et onéreux – jusqu'à cette intervention finale et ces nouveaux papiers qui me permettront enfin de signer :

Andréa

– 1998 –

L'espoir

Paris, jeudi 4 juin 1998

Jour J-3 avant mon départ pour Los Angeles. Jour J-149 avant d'entrer à Air France. La compagnie Air Charter International où je travaille pour l'instant devant être absorbée par la compagnie nationale, une partie de son personnel, dont moi-même, est appelée à l'intégrer.

J'écoute non-stop la chanteuse Dana, cette transsexuelle israélienne que les ultra-orthodoxes juifs ont condamnée à mort après qu'elle a gagné le concours de l'Eurovision. Je rentre d'une visite aux grossistes en chaussures de la rue Meslay, mais sans les ballerines en nubuck noir que j'espérais trouver pour les porter à mon retour d'Amérique. Le noir se vend mal en été, paraît-il, et de toute façon il n'y a plus de taille 41 : les grandes pointures sont déjà parties... Un fournisseur m'a dit de le rappeler demain, peut-être en aura-t-il reçu.

Un peu plus tôt dans l'après-midi, je me suis

rendue au Centre gay et lesbien. Par le plus grand des hasards, c'était le jour de permanence de l'Association du syndrome de Benjamin[1]. J'y ai été accueillie par deux « MF », autrement dit des transsexuels passés du sexe mâle au sexe féminin. Pathétiques, car peu crédibles. De ces deux créatures l'une était opérée – du moins l'affirmait-elle – mais n'osait pas terminer son épilation électrique. Tout le malheur du monde semblait peser sur son dos. Quant à l'autre... Enfin, peu importe, j'étais là pour leur demander de m'indiquer un avocat spécialisé dans le droit du travail. Je m'inquiète en effet de savoir si, lorsque j'aurai changé de sexe, je risque d'être licenciée. Elles ne connaissent pas d'avocat mais, à les en croire, le danger est grand de se voir mise « au placard », dans l'espoir que l'on craque et démissionne. Dans ce cas, l'une de mes interlocutrices – qui semble en avoir fait l'expérience – m'a conseillé de prendre des renseignements auprès du tribunal administratif, du syndicat du personnel navigant commercial et de la permanence des avocats qui se tient au Palais de Justice. Anonymat garanti.

Ensuite nous avons parlé pilosité, cheveux, sour-

---

1. C/o Relais 59, 1, rue Hector-Malot, 75012 Paris, tél. 01 43 57 21 25 (Internet : http ://orphanet.infobiogen.fr/associations/). Cette association tire son nom des études qu'avait menées un médecin américain, le Dr Benjamin, dans les années cinquante, sur la transsexualité.

cils. Mais un malentendu subsistait. Bien que je leur eusse affirmé le contraire, ces deux « MF » croyaient dur comme fer que j'étais une « FM », une femme devenue homme. Ça m'a fait sourire. Pourtant ma féminité est bien là, sensible, à fleur de peau, presque éclose et ne demandant qu'à s'épanouir tout à fait avant de se faner dans quelques années, ce qui est dans l'ordre des choses de l'âge. En attendant, mon côté « femme » s'accentuera encore au retour de Los Angeles. Je vais là-bas pour ça. Ce ne sera pas vraiment nouveau pour moi. Cela fait déjà tant et tant d'années que je me féminise au quotidien, vivant l'androgynie vingt-quatre heures sur vingt-quatre ! Certes j'ai des ongles au carré (ce qui est nul), je suis grande (plus que la moyenne des femmes françaises) et mes cheveux sont courts, mais j'ai déjà tellement d'atouts de mon côté que, pour atteindre la perfection de Gwenaëlle, mon amie à la taille et aux mains si fines, ce n'est plus qu'une question de mois.

Deux ans tout au plus ?

Dimanche 7 juin 1998

Assise sur le siège n° 23A d'un Boeing 747-44 SF de la compagnie Casair, j'ai quitté Paris il y a trois heures trente. Nous avons passé l'Irlande et survolerons bientôt le Groenland. Le voyage sera long. En tout, il faut compter un peu plus de onze heures de vol pour aller de Paris à Los Angeles, où j'emporte tous mes espoirs. Puissent les jours à venir me faire oublier ma peine, ma détresse, ma solitude, mes regrets surtout. Marc est le dernier que j'ai appelé avant de partir, mais il n'était pas là. Alors je lui ai laissé un message où il était question de « délivrance ». Dans mon bagage j'ai pris soin de glisser sa photo encadrée, que je poserai sur ma table de chevet. Même si je ne vis plus avec lui, je ne supporte pas la présence, ni le contact d'un autre homme. J'aurais aimé passer une nuit dans ses bras, m'endormir contre lui comme nous avions pris l'habitude de le faire. Pourtant, le mot « habitude » ne me plaît pas, surtout à propos de Marc et de moi. C'est ce mot qui a tué notre couple. Mais avec les six années de souvenirs que nous partageons, j'ai encore chaud dans mon cœur. Et ça, on ne pourra pas me l'enlever.

Los Angeles, lundi 8 juin 1998

Hier, Carlo et Lee, son amant, m'attendaient à l'aéroport. Carlo, je l'ai rencontré lorsque je vivais à Rome. Depuis lors il s'est installé aux États-Unis, mais il est resté l'un de mes chers amis.

Épuisée comme je l'étais, j'ai refusé de manger au French Market comme nous avons coutume de le faire à chacune de mes arrivées ici. Direct à la maison, au lit et sans dîner.

Ce matin, au réveil, nous avons passé un bon moment à discuter de mon futur prénom (Claire, ou Andréa ?). J'ignorais qu'ils avaient déjà vécu une semblable situation avec une amie italienne, Patrizia. Ils savent donc de quoi ils parlent !

En fin d'après-midi, nous nous sommes retrouvés à la terrasse de The Abbey, un bar branché situé sur West Hollywood. Le temps était gris, le ciel bas, mais la température agréable. Nous avons beaucoup parlé, et ri aussi. Demain j'irai voir au moins deux des trois *laser therapists* qu'ils m'ont dénichés à Los Angeles. Pour quarante-huit mille francs, l'un d'entre eux se propose de m'épiler visage, cou, poitrine et ventre au laser. Au bout du compte rien ne subsistera. C'est bien beau, mais pour l'instant mes finances ne peuvent suivre. Commençons donc par le visage et pour le reste on verra plus tard.

Lee a un regard très avisé me concernant ; make-up (dont il était responsable dans un grand magazine de mode), chaussures, vêtements : en toute chose il prône la simplicité. Pas de maquillage outrancier, des couleurs adaptées à ma carnation, un fard pour le jour, un autre pour le soir. Mais, pour moi, pas question d'essayer avant d'avoir un visage bien lisse et net. Ni d'enfiler les froufrous que j'avais achetés chez Dior pour le mariage de Sabrina.

À part Marc, Papy et Mamie, personne ne sait que je suis à Los Angeles. C'est peut-être pourquoi je m'y sens si bien. D'ailleurs j'ai peur de rentrer à Paris, peur de repasser ma visite de licence[1], peur de retrouver les avions d'Air Charter, peur que quelque chose se trame dans mon dos, peur d'en être la victime...

Mercredi 10 juin 1998

Lee et moi avons entrepris la tournée des centres susceptibles d'effectuer mon épilation au laser. « *Money makes the world go round* », chantait Liza Minnelli dans *Cabaret*. Ici c'est pareil. Il n'a été question que d'argent, gros sous, liasses de billets verts. Triste, mais hélas je n'ai pas le choix.

Le deuxième centre visité m'a convaincue. Le médecin qui m'y a accueillie, le Dr Ourian, ne m'a forcée en rien. Non seulement il n'a pas essayé de me vendre à tout prix son « package » à quarante-huit mille francs, mais il m'a si bien mise à l'aise que je ne lui ai pas caché le sens de ma démarche.

1. Tout membre du personnel navigant commercial est astreint à passer une visite médicale annuelle pour voir renouveler, par la Direction générale de l'aviation civile, son autorisation de voler.

« Los Angeles est la ville des transsexuelles », m'a-t-il affirmé, un sourire malicieux aux lèvres, et il en compte une bonne centaine parmi sa clientèle. Par ailleurs il travaille à l'hôpital de West Wood, qui ne traite que des cas semblables au mien.

Côté pratique, il m'a fortement déconseillé de toucher à mon torse et à mon ventre avant d'avoir débuté mon traitement hormonal. Pour douze mille francs, il n'épilera donc que mon visage. Puis il m'a demandé si celui-ci était d'origine ou si j'avais eu recours à la chirurgie esthétique, ce qui m'a fait beaucoup rire.

Il m'a prévenue qu'après son intervention ma barbe repousserait. Cela pourra durer de trois à six mois, mais je ne devrai ni m'épiler ni enlever à la cire les poils qui réapparaîtront. Il me faudra probablement revenir en août pour effectuer quelques retouches, à moins que je ne puisse me débrouiller à Paris avec ma dermato. Pour finir, le *laser therapist* a fait un test de quelques flashes sur ma joue droite. C'est assez douloureux, comme des petites décharges électriques. Pour y remédier, une crème anesthésiante et un gel glacé me seront appliqués de façon à ce que les picotements soient supportables.

Je m'apprêtais à quitter son cabinet quand je me suis aperçue que la pièce baignait dans une discrète musique d'ambiance. C'est alors que, tendant l'oreille, j'ai reconnu le groupe Abba qui interprétait *Dancing Queen*...

Jeudi 11 juin 1998

« Décidément, t'es mal bâti. » Merci chère Mamie pour ces mots si réconfortants, prononcés après m'avoir annoncé par téléphone que Papy a été réhospitalisé vers 4 heures du matin (heure de Paris). Il vomissait du sang. Mamie a tout de suite diagnostiqué une occlusion intestinale, et elle n'avait pas tort. Elle m'a demandé ce que je fabriquais aux États-Unis. Je lui ai dit, avant de partir, que je me rendais là-bas pour subir une intervention au laser visant à effacer mes cicatrices. Ce demi-mensonge ne l'a pas empêchée de me reparler de ma barbe. Elle voulait savoir si elle poussait toujours de travers (prétexte de ma précédente tentative de dépilation électrique). Comme je lui répondais que oui, elle m'a répliqué : « Décidément, t'es mal bâti. »

L'art de vous remonter le moral !

Samedi 13 juin 1998

Je ne me rase plus depuis hier. Déjà des poils réapparaissent un peu partout. Je suis très tentée de jouer de la pince à épiler, mais il ne le faut surtout pas, car cela risque de repousser plus vite encore.

Aujourd'hui j'ai reçu un « *free gift* » d'Estée Lauder chez Macy's en achetant une eau de toilette : une jolie trousse avec un beau rouge à lèvres, un mascara noir, quelques crèmes et autres cosmétiques qui me sont si chers. En attendant de pouvoir essayer le reste, je me suis offert la fantaisie d'un peu de mascara sur les cils, ce qui les rend merveilleusement longs.

Plus que deux jours à patienter avant d'entamer ma laser-thérapie. C'est peu et beaucoup à la fois. Cette nuit, en rêve, pour la première fois je me suis vue avec mon futur corps de femme accomplie. Quelle splendeur ! J'étais nue, de dos, et je délivrais de longs cheveux attachés en chignon. Puis les songes érotiques se sont succédé, peuplés d'hommes qui me désiraient, me pénétraient, me faisaient l'amour. Los Angeles – qui regorge de beaux garçons musclés, bronzés à souhait et aux dents éclatantes – est une ville particulièrement propice à ce genre de fantasmes. Pourtant, d'habitude, mes yeux sont plutôt attirés par les « bons pères de famille », la quarantaine, du charme, même quand ils sont accompagnés d'une progéniture. J'envie celles qui partagent leurs instants. Je rêve de leurs bras protecteurs, d'un torse accueillant et réconfortant...

Lundi 15 juin 1998, 10 h 53

Il fait un temps superbe à Los Angeles, et pas trop chaud. Trois jours que je ne me rase plus. La secrétaire du Dr Ourian a appelé ce matin, afin de confirmer mes rendez-vous de 17 h 30 pour l'anesthésie et de 18 h 30 pour le laser. J'appréhende bien plus l'anesthésie que le laser mais ce qui m'angoisse le plus est mon prochain retour à Paris, dans cinq jours. Heureusement Cathy, une amie, arrivera vers le 27 juin : cela me fera un peu de compagnie...

Lundi 15 juin 1998, 23 h 10

Une crème anesthésiante, un air de Vivaldi ou de Bizet, le « zzzzz » du laser courant sur ma peau, un gel glacé, une odeur de poil brûlé semblable à celle du pop-corn, sept cents dollars réglés en Travellers, et au revoir docteur. On se retrouvera vendredi pour quelques petites retouches, et après au mois d'août pour le second « tir ». Pourtant la séance m'a semblé interminable, d'autant que mon cœur sursautait toutes les sept secondes, chaque fois que le laser officiait sur mon visage.

Lee m'avait rappelé qu'il faut souffrir pour être belle. Certes les contours des lèvres supérieure et inférieure ont été douloureux, comme lors de ma première épilation électrique. Mais le Prozac m'a coupé toute envie de pleurer.

Le Dr Ourian est russo-iranien. Un bel homme, très élégant. Tout en officiant il m'a parlé d'une autre fille, mannequin pour une grande marque de lingerie, et de l'une de ses anciennes patientes, devenue une amie. Il m'a raconté avoir voyagé une fois sur Air France lorsqu'il était enfant, et en garder le souvenir d'une hôtesse de l'air qui était si belle qu'il aurait voulu l'épouser (et si vous m'épousiez, Dr Ourian ?). Puis il m'a demandé ce que serait mon prénom « après », et si je souhaitais qu'il en fasse usage dès à présent. « Andréa », lui ai-je répondu. Ça a du style et de la classe. Il aura été le tout premier à l'utiliser.

Samedi 20 juin 1998

Retour à la case départ via ce Boeing 747 de la compagnie Casair pour Paris, que nous devrions atteindre dans dix heures environ. Sauf que cette fois je suis une passagère sans bagages, puisque par erreur ceux-ci voyagent quelque part en Californie, entre San Francisco International et le terminal « charters » d'Oakland... Je frémis rien qu'à l'idée de tout ce que mes valises contiennent d'Hermès, de Versace et de petits achats effectués à Los Angeles, mais je fais contre mauvaise fortune bon cœur. Car l'essentiel n'est pas là. Tout ce qui compte, à mes yeux, c'est que le gentil Dr Ourian a pu enlever quatre-vingt-dix pour cent de ma barbe. D'ici deux à trois semaines ma peau devrait être débarrassée des follicules restants. Bien sûr il y aura une repousse, puis une autre, d'où les interventions à venir, mais enfin je peux envisager l'avenir avec optimisme.

Dans ces conditions je n'ai plus peur de rentrer en France, mais je serais encore plus contente si c'était en compagnie de ma valise !

Paris, vendredi 24 juillet 1998

Papy est mort lundi dernier, 21 juillet. On l'a enterré ce matin. Je ne réalise pas bien ce que cela signifie pour moi ; je suis comme anesthésiée, même si j'ai pleuré toute la journée. Je ne sais même pas si c'est Bruno ou Andréa qui écrit ce soir...

J'ai été bien malade la semaine dernière. Angine blanche et lumbago. Je dois somatiser un maximum pour me déclencher tout ça. Il faut dire que depuis mon retour de Los Angeles, je n'ai pas été épargnée... J'ai passé tout mon temps entre Bures-sur-Yvette – au chevet de Papy – et mes vols, qui se déroulaient tant bien que mal. Pour le reste personne dans ma vie, une solitude qui se fait de plus en plus pesante, et l'envie de rien. Lors de mes journées de repos je me suis enfermée à la maison pour écouter de la musique et écrire quelques lettres, avec pour tout lien au monde extérieur mon téléphone et mon fax. Pourtant mon médecin de famille, le Dr Perrieau, m'a trouvée « bien » à mon retour des *States*, plus en accord avec moi-même. Mais ce soir je ne sais plus. C'est si flou. L'envie de dormir, de rire, de sortir et de danser est telle que ce matin, lorsque je me suis recueillie sur la tombe fraîchement ouverte de mes parents, c'est une prière à la vie et non pas pour les morts que j'ai dite en silence. Ce n'était plus « venez me chercher, emmenez-moi », mais « laissez-moi vivre le plus longtemps possible ». Il faut croire qu'il y a du mieux...

Michele, un ami italien que j'ai perdu de vue, se plaisait à répéter que « *meglio solo che mal accompagnato* ». Mieux vaut être seul que mal accompagné. Marc, soi-disant venu me soutenir, m'en a fourni la preuve en n'ayant pas la moindre marque d'attention. Alors que je le présentais comme « mon ami » à ma famille, il m'a glissé à l'oreille de dire plutôt « un ami ». Et si j'espérais qu'au moins, à l'issue des cérémonies funèbres, il m'offrirait l'hospitalité et le repos dans sa maison de Biarritz, il n'en a rien été.

Ce soir, alors que je lui en faisais reproche au téléphone, il a mis tout cela sur le compte du fait qu'il n'est pas démonstratif. Puis, comme pour se rattraper, il m'a proposé de le rejoindre sur la côte basque. Mais, cette fois, c'est moi qui ai refusé. Je ne veux pas de sa pitié ni de son repentir.

Tout à l'heure, en zappant sur le câble, je suis tombée sur le fabuleux défilé Thierry Mugler Automne-Hiver 98-99 ; pour moi, quand le rêve et la réalité se rejoindront-ils ? Et quelle attitude adopter à l'égard de mon employeur ? Comment vais-je m'habiller, à bord, quand je serai une femme ? Allons, il sera toujours temps d'avouer les choses lorsqu'elles s'accompliront. Je pense « énergie » et refuse de la gâcher pour des détails qui n'en valent pas la peine. Même si Marc m'a fait remarquer tout à l'heure que je ne suis pas « le centre du monde » (ce que je veux bien croire...), je suis néanmoins le centre de « mon monde à moi » !

Paris, samedi 25 juillet 1998

J'ai rêvé d'un troisième sexe. Rien que pour moi. Pas ce moitié-moitié invivable. Quelque chose de différent.

Que ce soit dans la rue ou dans les avions, je ne supporte plus le regard des autres, je ne veux plus qu'ils se retournent à mon passage et qu'ils me considèrent comme un « phénomène » ou un

« monstre ». Et je ne peux plus souffrir leurs sous-entendus, leurs commentaires, leurs moqueries, voire leurs invectives ! Cela fait trop longtemps que ça dure, je ne m'y habituerai ni ne me blinderai jamais.

Mercredi 12 août 1998

Siège 26K, vol 062 d'Air France sur un Boeing 747-400 à destination de Los Angeles. Deuxième séjour aux USA en moins de deux mois et deuxième intervention au laser sur mon visage. L'impatience du début a laissé place à un état de sérénité. D'abord parce qu'à soixante pour cent ma barbe n'a pas repoussé depuis le mois de juin. Et enfin parce que rien ne pourra m'empêcher de faire ce que j'ai décidé, rien ni personne. Que je le veuille ou non je suis « entre deux », *in between*, plus androgyne que jamais. J'attire beaucoup de regards, mais ce ne sont déjà plus les coups d'œil agressifs auxquels j'avais droit auparavant. Ce sont des regards d'interrogation, de surprise, venant de personnes qui ne sauraient dire si je suis Bruno ou Andréa, voire des regards d'admiration.

Porter mon uniforme de steward me pèse, et à l'aube de mon intégration à Air France au mois de novembre j'aspire à une belle robe bleue à col blanc. Je n'ai pas revêtu mes froufrous de chez

Dior, en revanche j'ai reporté mes talons, et j'ai dansé, dansé... Chaque centimètre carré de barbe qui n'a pas repoussé, chaque partie de mon visage qui est définitivement épilée est une victoire porteuse d'espoir.

Los Angeles, vendredi 14 août 1998

Ma lèvre supérieure est encore gonflée, j'ai quelques tuméfactions ici et là sur le visage, des croûtes, des touffes de poils grillés, et un masque bien épais de Biafine (comme au bon vieux temps !) autour de la bouche, laquelle a nécessité une anesthésie locale. Restée à jeun depuis mon arrivée, la veille au soir, j'ai ressenti un léger malaise. Un verre d'eau sucrée m'a permis de surmonter la chose.

Après une heure d'intervention, le Dr Ourian m'a proposé d'en rester là. Mais je ne l'entendais pas de cette oreille. Une heure de souffrance de plus dans cette vie n'est rien comparé à tout le reste. Je lui ai même demandé de pousser l'intensité de sa caresse lumineuse jusqu'au maximum, si besoin était. Quelques secondes de répit, que je me détende, que mon corps soit moins crispé, et le laser officiait à nouveau. L'odeur de brûlé ne m'a pas quittée de la journée. Une nausée permanente. Et mes lèvres sont restées gonflées comme si l'on m'avait injecté de la silicone.

Pamela Anderson n'a qu'à bien se tenir...

Paris, mardi 1er septembre 1998

Je n'ai plus de barbe. Tout juste si quelques poils subsistent sur le menton et au-dessus des lèvres. Ma dermatologue parisienne, le Dr Dalanda, y a mis bon ordre tout à l'heure. J'ai beau chercher, je ne me rappelle plus comment j'étais « avant », lorsque j'en avais partout. La crème hydratante glisse toute seule le matin sur mon visage, ma peau est douce, et plus rien de rêche ne vient contrarier la sensation de caresse. Hier, on m'a laissé entendre que quelque chose avait changé en moi, sans pour autant être capable de dire quoi. Aujourd'hui encore, un collègue avec lequel je déjeunais m'en a fait la remarque.

Le résultat est là, et c'est tout ce qui compte, non ?

Vendredi 11 septembre 1998

Je sors de chez mon psy, le Dr Masselier. J'avais tant et tant de choses à lui dire... Je ne l'avais pas revu depuis le mois de mai. Aujourd'hui, il semblerait qu'après avoir consulté le Pr Lanois, mon endocrinologue, Masselier ait estimé que nous devions nous voir un peu plus souvent. C'est d'eux, qui représentent la Faculté, que dépend une bonne partie de mon avenir. Qu'ils approuvent ma démarche et toutes les portes s'ouvriront devant moi. Qu'ils la désapprouvent et, quoi qu'il advienne, pour l'Administration, je resterai un homme.

Et ça, je ne peux m'y résoudre. L'idée de me faire opérer et de changer de sexe pour devenir une femme à part entière, tant dans mon apparence physique et ma façon de m'habiller que dans ma vie sexuelle et professionnelle, sans pour autant que ma carte d'identité et mon état civil ne reconnaissent ma transformation, m'est insupportable et n'aurait pas de sens. Toute démarche administrative, tout voyage à l'étranger, toute vérification de mes papiers m'exposerait aux pires avanies, me ravalerait au rang de ces Brésiliens mi-hommes mi-femmes et qui n'ont d'autre ressource, pour survivre, que de faire commerce de leurs charmes réels ou supposés.

Tout au contraire, que je parvienne à convaincre la Commission[1], que je me plie aux exigences et

1. Composée d'un endocrinologue, d'un chirurgien, d'un psychiatre, d'un psychologue, et se réunissant chaque trimestre, la Commission décide des prescriptions médicales, hormonales

aux prescriptions de ceux qu'elle a mandatés pour apprécier mon cas et je serai en mesure de recommencer ma vie, de travailler, de me fondre dans l'anonymat des gens ordinaires, de me marier si je le souhaite, et tout simplement de signer un chèque sans que nul ne puisse se douter que je fus baptisée Bruno avant de me prénommer Andréa...

Et je pourrai m'habiller comme bon me semble. Sobrement ! Le Dr Masselier, chez qui je suis arrivée avec un rien de mascara, un peu de rouge à lèvres (plutôt marron en l'occurrence) et une French-Manucure, n'a pas dû me juger à son goût. J'arborais mon complet noir Bill Tornade et je portais des bottines. Mon psy n'a pas trouvé cela « adéquat » ni même « féminin », bien que j'aie défini ma tenue comme telle. Il a également critiqué ma chevelure, qui l'a choqué parce que pas suffisamment longue selon lui. Allons, cher docteur, la féminité ne tient pas à la longueur des mèches ! Je veux devenir la femme que je suis, pas une folle excentrique qui sentirait son travesti à dix lieues.

Pour autant, sans me laisser démonter, j'ai joué cartes sur table en lui parlant de « service après vente » : je lui ai dit que je m'engageais à rester en contact avec lui après mon opération, afin qu'il

---

et chirurgicales concernant certains patients souffrant de « trouble de l'identité de genre ».

puisse étudier mon cas jusqu'au bout, et que pour aider les futures candidates je lui fournirais toutes les informations susceptibles de faire avancer les choses. Puis j'ai évoqué les livres que j'ai lus cet été et le choix d'Andréa pour prénom (« très androgyne, non ? » ; certes, mais le gouvernement français m'autoriserait-il à adopter un prénom trop féminin ?). Enfin je lui ai montré mes photos lors du mariage de Sabrina, dans mes froufrous de chez Dior. Il en est resté complètement baba, au point de lâcher un « effectivement ! » qui valait bénédiction.

Dès lundi, à ma demande, il m'établira un certificat médical afin que je n'aie pas de problèmes avec la police au cas où Andréa devrait produire ses papiers, la photo ne correspondant plus au modèle[1]... Il devrait également se renseigner auprès du mari d'une consœur qui est avocat, afin de savoir quelle attitude je dois adopter par rapport à Air France.

À la sortie, dans la rue, personne ne m'a insultée. Inconnue perdue dans la foule, tout juste ai-je eu droit à quelques regards admiratifs ou intrigués.

Maintenant, vivement le 29 septembre, date à laquelle je dois voir le Pr Lanois, mon endocrinologue !

1. Il n'en a jamais rien fait...

Lundi 28 septembre 1998

Le 11 octobre j'ai rendez-vous avec le Dr Ourian à Los Angeles, et demain à l'hôpital Cochin avec mon endocrinologue, à qui je vais demander ma réassignation hormonale. Car si l'Androcur que je prends actuellement est fait pour combattre l'action des hormones mâles sur ma pilosité, la « réassignation » consistera à m'administrer des hormones féminines avec l'autorisation de la Faculté et toutes les conséquences physiologiques que cela comporte : disparition définitive de certaines pilosités, naissance de certaines rondeurs féminines et – par-dessus tout – possibilité de changer de sexe. C'est dire pourquoi, si cette réassignation m'est refusée, je me supprimerai à coup sûr. Parce que je ne peux plus continuer à vivre dans l'ambiguïté dont j'ai déjà tant parlé. Je ne peux plus subir la pression familiale ni la terreur d'être rejetée par Air France pour cause de « non-conformité ».

Je sais combien cette obsession d'en finir frise le dépressif, l'excessif, « l'anormal » pour certains. Mais personne ne peut mesurer l'état de déséquilibre profond, dramatique, dans lequel vous plonge l'inadéquation entre votre « moi », votre vraie nature, et votre apparence physique. Si vous vous vivez comme une femme et vous voyez traitée comme un homme, *vous ne pouvez pas aller bien.*

Seule l'option pour un sexe ou pour l'autre peut vous délivrer de tout ce qui en résulte, un « dédoublement » involontaire parce que subi et imposé. En ce sens, seule l'opération peut rendre un transsexuel définitivement équilibré. Et cette opération est une action chirurgicale et thérapeutique qui dépasse de beaucoup la conception triviale qu'en ont tous ceux qui nourrissent des fantasmes d'ambivalence, car il s'agit bel et bien de changer d'attributs sexuels.

C'est exactement ce que, avec son monstrueux égoïsme et son évidente acrimonie, ma grand-mère ne risque pas de comprendre. Au point qu'elle m'inflige désormais ce qu'elle a fait subir à mon pauvre grand-père. Sans oublier que toute ambition de carrière à Air France me paraît vouée à l'échec. Alors comment avoir du goût à la vie, et ne serait-ce qu'à l'existence que je mène ?

Et que va-t-il advenir d'Andréa ? Que pourrait-il lui arriver de pire qu'à Bruno ? Il s'abrutit de somnifères pour ne pas rêver, et ses journées commencent en début d'après-midi. Il sort juste pour faire quelques courses et poster son courrier. Aujourd'hui, par exemple, il a envoyé un petit mot à tous les gens qu'il aime pour leur annoncer qu'il va disparaître, le temps de renaître et de recouvrer son envie d'exister. Parce que Bruno est seul, seul à en crever, et probablement déjà mort dans sa tête.

Dimanche 4 octobre 1998

Que dire de mon rendez-vous avec le Pr Lanois, le mardi 29 septembre dernier à Cochin ? Le vieux monsieur était à l'heure. Il m'a aussitôt demandé pourquoi je venais le consulter.

– Pour que mon apparence extérieure soit en harmonie avec ce que je suis à l'intérieur, lui ai-je répondu.

– Pourtant, si j'en crois votre dossier, il y a six ans vous n'étiez pas très sûr de vous...

Je lui ai alors expliqué qu'il y a six ans, étant donné mes mauvais rapports avec le Pr Vigon, j'avais en effet préféré « différer » les choses. De plus, à l'époque, je craignais de compromettre mon avenir en changeant de sexe. Le vieux professeur m'a alors examiné, palpé sous toutes les coutures. À 8 h 30, j'avais mon programme : « Examens du trouble du comportement. » Fiche verte. Deux pages. « Et aussi des examens pour voir si vous n'avez pas de maladies sexuellement transmissibles. » Normal, mais pas réjouissant !

Résultat, je devrai revenir à Cochin les 19 et 20 octobre prochains. Je rentrerai donc de Los Angeles plus tôt que prévu et il ne me restera plus que dix jours avant d'intégrer Air France. Mais qu'importe. Donnez-moi ce corps qui aurait dû être le mien ! Donnez-moi la possibilité d'aimer et d'être aimée ! Donnez-moi le droit au bonheur, et je m'en sortirai toute seule !

Mardi 6 octobre 1998

Reçu la visite de Valentine, ma petite cousine. En plein Marais, elle me dit : « Est-ce que je peux te poser une question indiscrète ? – Bien sûr. – As-tu changé de sexe ? » Et comme je lui demande le pourquoi de cette interrogation, elle me répond : « Comme ça, parce que je sais que ça existe. »

Je lui ai promis que si tel était le cas, un jour, elle serait la première prévenue...

Vol Air France 064, mercredi 7 octobre 1998

J'ai bien failli rester sur le plancher des vaches. Le vol était surbooké. Du coup j'ai été surclassée en « JPS 127 », c'est-à-dire que j'ai été installée à l'avant de l'appareil, sur un siège normalement réservé au personnel de bord. J'y ai retrouvé une ex-hôtesse d'Air Charter, qui elle aussi a bien souffert avant d'enfiler le bel uniforme de la compagnie nationale.

Le personnel de bord est adorable. Il faut dire que je fais le maximum pour lui faciliter la tâche. L'arrivée à Los Angeles est prévue pour 19 h 20, et Carlo sera là pour m'accueillir. Là-bas, loin de Paris, de mon quotidien déprimant et de ma grand-mère qui me pourrit la vie un peu plus chaque jour, je vais pouvoir faire le point. Déjà j'ai barré bien des noms dans mon carnet d'adresses ; aux autres j'ai envoyé un petit courrier pour leur demander de me laisser du temps, de comprendre mon silence et ma détresse après le décès de Papy.

Papy me manque. Son côté « tu peux compter sur nous quoi qu'il arrive » s'en est allé avec lui. Mamie, elle, m'a laissé me débrouiller avec mes sept mille francs de découvert, vu les frais que j'ai eus ces temps-ci. Sa médecine et ses trente-cinq ans de carrière à l'Assistance publique ne lui ont pas laissé une once d'altruisme... Me protéger d'elle, de ses appels incessants pour ne pas dire de son harcèlement, c'est ce que je dois faire avant tout. D'ici le 19 octobre, où je devrai entreprendre toute une série d'examens en vue de mon traitement hormonal, je ne laisserai personne me saper le moral ou me détourner de quelque façon que ce soit de l'objectif que je me suis fixé.

Los Angeles, dimanche 11 octobre 1998

Zzzzzz... Le laser du Dr Ourian (un tout nouveau modèle baptisé Cyanosure-Alexandrite) a pour la troisième fois fait son travail. L'anesthésie locale a consisté en trois injections dans la lèvre supérieure et une autre dans la lèvre inférieure. Néanmoins, de 14 heures à 16 h 30, mon cœur n'a cessé de faire des bonds lorsque le faisceau lumineux touchait des zones trop sensibles, et mes yeux ont coulé. Il faut dire qu'aujourd'hui le Dr Ourian a mis la dose, et à la loupe s'il vous plaît, pour être certain de ne pas oublier un seul poil. Même ceux qui étaient incarnés ont été traités. Par la suite il me faudra songer à faire un peeling, afin de bien nettoyer ce que le laser aurait pu endommager.

La séance terminée, retour chez Carlo et Lee, masque de Biafine et repos. Il faut que je me calme. L'odeur de pop-corn ne va pas me quitter avant quelques jours, mais force m'est de reconnaître que j'ai beaucoup moins souffert que les fois précédentes. Grâce au nouveau modèle de laser utilisé, peut-être, mais aussi et surtout parce qu'il y avait moins de surface à traiter. Les « retouches » étant gratuites, je pense déjà à mon prochain rendez-vous à Los Angeles. Entre-temps mon traitement hormonal devrait pour beaucoup contribuer à l'éradication de toute pilosité sur mon visage. Il est évident – le Dr Ourian me l'a confirmé – que s'il m'avait été administré plus tôt, ce traitement m'aurait évité de voir quarante pour cent de ma barbe repousser sur le cou et autour des lèvres.

Avant-hier vendredi, c'est Andréa qui était de sortie. Dîner en ville, cinéma puis discothèque. « Tu aimes le noir ? » m'a demandé Daniel, un ami de Carlo et Lee. C'est le moins qu'on puisse dire. Tout ce que je portais était noir, depuis les escarpins jusqu'au pull en passant par le pantalon. Aucune hostilité (nous sommes en Californie !), bien au contraire : on m'a fait beaucoup de compliments. J'étais heureuse, mais cela était tellement normal et naturel pour moi que je n'en ferai pas tout un plat.

Mardi 13 octobre 1998

« *I feel immortal tonight, and I am so happy.* » (Je me sens immortel ce soir, et je suis tellement heureux.) Je ne sais plus où j'ai entendu cela, mais ça m'a plu. À Los Angeles, la nuit est magique. Pas seulement la nuit, d'ailleurs, car ici même le jour on peut être qui l'on veut. Hier, par exemple, j'ai passé l'après-midi avec Daniel, l'ami de Carlo et Lee, en compagnie de qui je suis allée essayer des perruques dans plusieurs endroits. Désolée, Dr Masselier, mais les cheveux longs ne me vont pas du tout. Une coupe courte avec mèches sur le devant me sied mieux. Daniel, qui est chauve, a quant à lui essayé plusieurs dizaines de postiches avant d'arrêter son choix sur un modèle « afro » avec « dreadlocks »... Nous avons beaucoup ri. Pour ma part, je n'ai rien acheté. Ma féminité ne passera jamais par ce genre d'artifice.

Paris, jeudi 29 octobre 1998

Depuis mon hospitalisation à l'hôpital Cochin, la semaine dernière, je ne voulais plus rien entendre, lire, écrire ou penser au sujet de la transsexualité. J'ai même annulé mon rendez-vous avec le Dr Masselier, à Sainte-Anne, en prétextant une angine. Je ne me sentais pas bien, et j'avais besoin de quelques jours de répit. Mais aujourd'hui, allez savoir pourquoi, c'est fini.

Lundi 19 et mardi 20 octobre dernier, donc, j'ai subi toute une série d'examens en hôpital de jour afin de déterminer, primo, si mon corps souffre d'un quelconque dérèglement, et, secundo, s'il supporterait le traitement de réassignation hormonale... Il régnait là une ambiance assez surréaliste, car tous les « messieurs » que l'on appelait en salle d'examen se révélaient être de jolies jeunes femmes. Sauf, bien sûr, que ça n'en était pas !

Il fallait venir à jeun et avoir conservé ses urines sur vingt-quatre heures. On m'a installée dans une petite chambre et les « festivités » ont commencé. On m'a prélevé une quinzaine de fioles de sang, puis quelques autres à intervalles réguliers. On m'a également fait des radios du crâne et de l'abdomen. J'ai été récompensée par un bon repas que j'ai avalé avec plaisir. Le lendemain idem, sauf que les radiographies ont été remplacées par une échographie de l'abdomen et des testicules.

Le lundi, en fin de matinée, le Pr Lanois est venu me rendre visite. J'avais pris soin d'étaler devant moi un certain nombre de magazines féminins afin qu'il puisse bien voir le type de lecture que j'adorais par-dessus tout. Peine perdue : le professeur semblait prendre un malin plaisir à m'appeler « monsieur », tandis que le patient de la chambre d'à côté, étant donné le stade avancé de sa transformation, se voyait donner du « mademoiselle ». Certes mon visage, bien que fraîchement laserisé, n'était pas très net malgré la couche de poudre que j'y avais appliquée afin de masquer les poils récalcitrants. Mais le Pr Lanois ne pouvait-il se montrer un peu plus complaisant ? Il faut croire que non, d'autant qu'il a conclu notre entretien par cette remarque un peu perfide : « Nous reparlerons de tout cela, c'est une décision difficile à prendre ; toute une équipe de médecins et de psychiatres est concernée... » Et moi, alors ?

En revanche, le personnel soignant a été absolument adorable.

Hier soir, je me suis fait un petit plaisir : j'ai enfilé des Dim-Up, mon déshabillé Dior et des talons en l'honneur de Philippe, qui m'avait annoncé sa venue. Il y a quelques mois, il m'avait suivie dans la rue et s'était proposé de m'offrir un café. « Je ne suis pas celle que vous croyez », lui avais-je répondu. Ce à quoi il avait rétorqué : « Je le sais bien, et c'est en cela que vous m'intéressez. » Alors nous avons lié connaissance, et depuis lors nous nous voyons de loin en loin. Célibataire et cent pour cent hétérosexuel, il est cadre dans une grande entreprise, il a un charme fou et est toujours tiré à quatre épingles.

Ma tenue et mes poses coquines, en exaltant ma féminité, l'ont mis dans un certain état d'excitation. Mais hormis quelques attouchements et jeux érotiques, nous sommes restés relativement chastes. Je ne me vois pas aller beaucoup plus loin, du moins tant que ma transformation ne sera pas achevée.

Aujourd'hui je suis allée voir ma dermato, le Dr Dalanda. J'adore lui rendre visite ; d'abord parce qu'elle est très compréhensive avec moi, ensuite parce qu'elle trouve toujours la solution appropriée à mes bobos. Les résultats de mon épilation au laser lui paraissent globalement satisfaisants. Selon elle, seules quelques petites « retouches » s'imposent sur le menton et le dessus de la lèvre. Pour éviter que je ne me ruine en séjours californiens, elle va me mettre en contact avec une spécialiste de ses amies qui pourra s'occuper de moi en attendant ma réassignation hormonale.

Grâce à elle, je vais pouvoir intégrer Air France en toute quiétude. Du moins je l'espère...

– 1999 –

Le parcours du combattant

Paris, vendredi 7 mai 1999

La vérité sort de la bouche des enfants. Sur le vol Paris-Bordeaux, Rosalie, un tout petit bout de femme absolument adorable, me lance tout à coup : « Tu es une dame, toi... » Sa maman, très gênée, la reprend et lui fait remarquer que je suis un monsieur... Mais Rosalie ne veut rien savoir et m'appellera « Madame » jusqu'à l'atterrissage.

Jeudi 22 juillet 1999

Dans une clinique du XVIe arrondissement, chambre n° 55, je me remets d'une opération des varices à la jambe gauche. Cela fait des mois que je délaisse mon journal de bord, peut-être parce que je n'avais pas grand-chose à y consigner. Dans un premier temps, la Commission qui doit décider de mon sort a repoussé son ultime réunion au

18 juin. Puis tout a été remis au mois de septembre, le Pr Vigon ayant à nouveau émis quelques réserves à propos de mon cas.

Heureusement pour moi, en attendant ma réassignation hormonale, c'est-à-dire l'administration d'œstrogènes, je reste sous Androcur. Un traitement qui produit ses effets : presque plus de barbe, ni de poils, plus d'érections non plus. Ce qui ne m'empêche pas d'avoir un minimum de vie sexuelle (certes fort passive) en partageant des nuits fiévreuses avec le bel Olivier.

Cela fait huit mois maintenant, malgré deux ruptures, que nous nous voyons régulièrement. Grand, châtain clair et bien de sa personne, c'est un vrai fantasme ambulant ! Mais je ne sais pas grand-chose de lui, tant il se montre discret à propos de sa famille, de la vie qu'il mène et de ses conquêtes féminines, que je suppose fort nombreuses.

Aujourd'hui, épilation à la cire du torse et de l'abdomen. Pas encore au laser, ce qui me navre. J'enrage chaque fois qu'un soupçon de pilosité réapparaît, il y a des jours « avec » et des jours « sans » – sombres à pleurer –, mais le mois de septembre s'approche à grands pas et l'été va se passer « en pente douce ». Quel que soit l'avis final du Pr Vigon et du Dr Masselier, ma décision est prise : j'irai jusqu'au bout, avec ou sans leur accord. Et tant pis si, au bout du compte, je n'ai pas de papiers féminins. Nombre d'opérations se pratiquent hors accord de la Faculté, et alors hors frontières : « *The best is yet to come.* » Le meilleur reste à venir.

Biarritz, jeudi 29 juillet 1999

Marc m'ayant offert l'hospitalité au pays Basque, j'ai fui la capitale et surtout Jean-Christophe, un fou à lier qui m'a encore un peu plus déstabilisée que je ne l'étais déjà. Paradoxalement, j'ai besoin de ces garçons « bi » ou « hétéros ». Ils ne sont jamais, à proprement parler, cent pour cent homos. Ce qui les attire en moi, c'est ce mélange d'attributs masculins et de sensualité féminine qui me caractérise. Désolée les garçons, mais pour l'instant je n'ai pas mieux à vous offrir.

Marc et moi avons fait le voyage ensemble, mais dès les trois premières minutes il s'est renfrogné et n'a pas desserré les dents de tout notre vol ni du trajet en taxi. J'ai l'habitude de ses sautes d'humeur, certes, mais pas à ce point. Ce qui le mettait mal à l'aise ? Le regard des autres, les sourires surpris, la crainte des sarcasmes, et mon maquillage... En fait de maquillage il s'agissait d'un écran total – indice 60 –, obligatoire après un traitement au laser pour éviter le risque d'une dépigmentation du visage.

Marc, quoi qu'il m'en coûte, il faut que tu saches

que ça n'ira pas en s'améliorant. Ma transformation sera de plus en plus visible. Si tu ne le supportes pas, ne nous voyons plus. Mon appartement ne sera plus ton pied-à-terre parisien, mais mon domaine exclusif. Faute de me sentir soutenue par toi, je dois me protéger de toi, car tu me blesses, tu me fais du mal.

Merci quand même d'avoir accepté de témoigner par écrit (au même titre que le Dr Staletti, le médecin de famille qui m'a suivie jusqu'à mon adolescence) de mon mal de vivre, que tu as pu constater au cours de nos cinq années de vie commune. C'est important pour mon dossier.

Paris, le 16 août 1999

Bien cher tous,

Mardi, en début d'après-midi, je m'envolerai encore une fois pour Los Angeles, et je ne pouvais me résigner à vous quitter sans avoir écrit ces quelques lignes à votre intention.

Depuis combien de mois n'avez-vous pas reçu de mes nouvelles ? Je ne sais au juste, mais certains d'entre vous me l'ont reproché, même si d'autres ont compris ma détresse.

Je voudrais néanmoins vous dire combien il est important pour moi de vous savoir à mes côtés, et les paroles de cette chanson traduisent bien mon état d'esprit :

« ... J'ai tant caché mes différences
sous des airs de faux-semblants
j'ai cru que d'autres pas de danse
Me cacheraient aux yeux des gens
je n'ai jamais suivi vos routes
J'ai voulu tracer mon chemin
Pour aller plus haut, aller plus haut
Où l'on oublie ses souvenirs
Aller plus haut, se rapprocher de l'avenir
Pour aller plus haut et dessiner des souvenirs
Aller plus haut, et croire encore à l'avenir
Aller plus haut, aller plus haut
Se rapprocher de l'avenir... »

Oui, il est grand temps pour moi « d'aller plus haut » et de ne plus me mentir à moi-même, ni de vous mentir. Que toutes celles et tous ceux qui ne m'ont pas vue depuis si longtemps sachent que j'ai beaucoup changé. Je suis toujours la même personne, psychologiquement parlant, mais mon aspect physique s'est considérablement modifié. Une volonté sans faille et l'aide d'un traitement auront eu raison de cette ambiguïté dont je souffrais depuis si beau temps et que j'avais de plus en plus de mal à assumer. Le regard des autres y a également contribué !

Appelez cela comme il vous plaira ; pour moi ce n'est pas une affaire de sexe mais un problème d'identité. En cherchant par tous les moyens à être une femme parmi les autres femmes, je voudrais simplement m'accomplir, épanouir ma vraie nature.

Si vous pensez pouvoir m'apporter votre amitié, votre

tendresse et votre affection, je serai heureuse de vous le rendre au centuple ; si, pour quelque raison que ce soit, vous préférez en rester là, alors gardez le silence : je le comprendrai et le respecterai.

Bruno s'en va pour laisser place à Andréa : puissent ces lignes pleines d'espoir vous convaincre qu'il s'agit là d'une résurrection !

Mardi 17 août 1999

Ce matin, j'ai quitté Paris pour embarquer sur ce 747, à destination de Los Angeles, presque sur un coup de tête. J'ai tellement hésité à partir, en effet, que j'ai déjà repoussé la date de ce voyage. Au bout du compte, je ne me suis décidée que pour ne pas perdre les deux mille francs que m'a coûté mon billet (un tarif préférentiel réservé aux navigants).

Coup de chance, on m'a installée en classe « Business ». Du coup, c'est en jouissant du maximum de confort – en écoutant de l'opéra et en dégustant deux coupes de champagne millésimé – que j'observe le personnel de cabine, et tout particulièrement les hôtesses qui évoluent autour de moi. Ça me fait envie. Andréa adorerait recevoir ses passagers dans cet élégant uniforme.

La lettre que j'ai rédigée hier, je l'ai postée à une quinzaine d'exemplaires ce matin. Les destinataires en sont mes ami(e)s proches, bien sûr, mais aussi quelques relations plus éloignées. J'y ai mis tout mon cœur, et il me tarde de savoir qui me répondra... À vrai dire, j'ai déjà ma petite idée là-dessus. Il faudra du temps pour que certains admettent « la chose ».

J'ai beau me projeter sans cesse dans l'avenir, Andréa n'est qu'une chrysalide et pas encore un papillon. D'où un stress de plus en plus difficile à affronter. Le monde extérieur me terrorise, j'ai de plus en plus besoin d'argent pour mes traitements divers, mes nuits sont peuplées de cauchemars et je manque cruellement de sommeil. L'idée de me supprimer est encore présente à mon esprit. Résultat, je m'en rends bien compte, je ne survivrai pas à une nouvelle attente si, une fois de plus, ma demande de réassignation hormonale devait être rejetée. Non, je ne supporterai pas un nouveau refus. J'ai déjà trente-trois ans, alors plus tard serait trop tard, à coup sûr...

J'en ai assez de vivre ces moments de gêne quand je tends mon passeport et qu'on le regarde à deux fois, à cause de la photo ; quand on hésite à me dire « Madame » ou « Monsieur » ; et quand je sens certains regards se poser sur moi.

Hier, en passant ma visite médicale de reprise à Air France, je suis tombée sur un médecin aussi humain qu'attirant. Je lui ai parlé des pressions que l'on me faisait subir en raison de mes troubles de la personnalité, sans en dire plus mais en espérant qu'il comprendrait, même à mots couverts. J'eusse aimé qu'il me prenne dans ses bras pour me faire oublier ce cauchemar (oui, parce que je vais bien finir par me réveiller...), au lieu de quoi nous avons discuté durant plus d'une heure. Au terme de notre entretien, il a eu la gentillesse d'affirmer que je suis un « personnage exceptionnel, intelligent et intéressant ». C'est bon pour le moral !

Sortie de son cabinet, je suis allée me faire épiler. Torse, abdomen, aisselles, maillot et jambes : une heure quarante-cinq. Il faut dire que depuis mon opération des varices, il y a eu de la repousse. Ma dermato préférée étant en vacances, je n'ai pas cherché midi à quatorze heures : le salon d'une esthéticienne travaillant tout près de chez moi a fait l'affaire. À en croire la dame – qui affirme avoir un talent de divination –, j'aurais le mauvais œil et une femme m'en voudrait. Je pourrais en rire. Même pas. Ça me donne envie de hurler, tant je pense à cette instructrice d'Air Charter qui m'a abreuvée de sa haine...

Sans oublier ma grand-mère, à qui je n'ai pas rendu visite depuis plus d'un mois. La dernière fois que je l'ai vue, elle m'a accueillie d'un « Bruno, il faut qu'on parle » qui n'annonçait rien de bon. Je lui ai répondu qu'elle était la dernière personne avec qui j'avais envie de discuter, et que si nous avions dû le faire cela aurait dû être avant qu'elle ne me jette à la rue. Combien de galères et de bassesses elle aurait pu m'éviter si elle avait été capable d'amour, ou juste d'un peu moins d'égoïsme !

À cela s'ajoutent les atermoiements du Dr Masselier et du Pr Vigon, ainsi que toutes les déceptions amoureuses que j'ai accumulées ces derniers temps. Pas un homme qui accepte vraiment « mon petit grain de folie », « mon petit travers », mon « ambiguïté », appelez cela comme vous le voudrez. Les hétéros me reprochent de n'être pas une vraie femme, les homos de n'être pas tout à fait un homme. Je peux le comprendre, puisque je ne l'accepte pas moi-même. Je refuse mon statut d'androgyne. Je veux être une femme et je ne supporte pas que le trouble dans lequel me plonge cette obsession passe pour de la folie.

Los Angeles, mercredi 18 août 1999

Assise à la terrasse de The Abbey, je feuillette les pages du magazine local, intitulé *Frontiers*. De quoi y parle-t-on ? En pages 14 et 15, de multiples agressions survenues ces derniers temps, sur Santa Monica Boulevard, à l'encontre de transsexuelles. Et de la page 70 à la 77, du pianiste David Quechner, qui est devenu Sara Davis Quechner. Quelques phrases pêchées au hasard de cet article : « Il fallait que je devienne quelqu'un d'autre à chaque fois que je montais sur scène (...). Bon nombre de transsexuelles se sont montrées à la télé, dans la presse, assumant des rôles aussi divers que mannequins ou pompiers (...). Pour moi, le choix était simple : vivre en "Sara" ou cesser de vivre. »

Cette dernière phrase m'a beaucoup touchée, car elle s'accorde avec mon état d'esprit. Ce sera Andréa ou rien. Toute autre issue me serait fatale.

Sur le chemin du retour, je suis entrée dans une librairie gay sur West Hollywood. J'y ai été accueillie par un « *Hello, girl !* » du meilleur aloi. Là, j'ai trouvé un rayonnage entier dédié à la transsexualité « MF » et « FM », aux travestis, aux Drag Queens, etc. Un choix d'une richesse incroyable. À Paris, ce genre de librairie propose les mêmes titres depuis des années, mais il faut s'agenouiller pour les dénicher !

Néanmoins, le cafard ne m'a pas quittée de toute la journée. Au point que je n'ai pu me retenir d'appeler Marc à Biarritz. Mais à quoi bon ? Dans huit jours, je devrai reprendre mon travail habillé en steward. L'idée m'en est insupportable. Que vais-je faire, que vais-je devenir ?

Los Angeles, vendredi 20 août 1999, 12 h 35

Devinette : quelle est la meilleure amie des transsexuelles ? Réponse : l'épilateur électrique !

Ce n'est pas très drôle, je l'admets, mais autant on compte de blagues sur les homos et les travestis, autant elles sont rares au sujet des transsexuelles. Le gag m'est venu à l'esprit ce matin, alors que je voulais faire quelques retouches sur mes bras et mes jambes. Hélas, j'ai oublié mon adaptateur à Paris !

Dans l'après-midi, j'ai couru les magasins. Des envies me titillent d'enrichir ma garde-robe pour l'hiver. C'est bon signe : cela prouve que j'ai encore envie de me battre et de séduire.

Deux œufs sur le plat ont fait leur apparition au niveau de ma poitrine, mon visage est à peu près net (sauf un petit duvet blond), mes hanches se sont arrondies et la texture de ma peau s'est modifiée. *But I want more.* L'Androcur ne me suffit plus, alors vivement mon traitement de réassignation hormonale. Je veux tuer Bruno, afin que naisse Andréa. J'ai envie de maquillage, de poudre, de couleurs sur mes yeux, sur ma bouche, d'une goutte de *Vol de Nuit* entre mes seins, de sensations soyeuses sur ma peau, des caresses et de la chaleur d'un homme, un vrai. Je veux des fourreaux Mugler, des escarpins vertigineux. Remarquez, avec mon « 41 fillette », je ne suis pas sûre que ce soit une bonne formule. Mais pour l'instant je rêve. Je veux... Oui, je veux tant et tant de choses, comme un enfant devant une confiserie !

Le même jour à 18 h 15

Alternance de moments d'euphorie et de gros coups de blues, mais sans larmes. Je viens de relire la lettre qu'Olivier m'a écrite le 26 mars, au lendemain de notre dernière rupture. C'est beau, juste, vrai, et d'autant plus douloureux. Nous aurions pu vivre ensemble, mais il voulait un « tonton » pour son fils, pas une « tatie » (dixit).

Dehors, le soleil embrase et sublime les collines d'Hollywood. Carlo ne cesse de me répéter que je suis en vacances et que je dois en profiter pour m'amuser. Mais rien n'y fait, je pense à Paris et à Olivier qui m'obsède, à son corps, à sa bouche contre la mienne, aux effluves de son eau de toilette le matin, avant son départ pour le bureau. Je me sens tellement seule que je me plais à imaginer la prise de somnifères avec du champagne, après une soirée sympa, histoire de m'en aller sans regret – peut-être même avec le sourire. Me taillader les veines, je n'y ai jamais songé. Mon grand-père, son truc, c'était la corde dans le garage. De préférence le soir, au moment du dîner. Parce que sa sœur s'était noyée dans un lac, quand il était petit, et qu'il ne s'en était pas remis. Moi j'ai perdu mes parents, mais c'est peut-être de lui que je tiens ces pensées mortifères.

Carlo et Lee ne se résignent pas à m'appeler Andréa. Ils en tiennent pour Brunehilde. Ça n'a pas la grâce de m'arracher un sourire. Je n'ai même pas envie de sexe. Seulement de deux bras pour m'étreindre et de la chaleur d'un corps contre le mien. Je n'en demanderai pas plus. Promis. Pour mon salut, ma survie...

Vol Los Angeles-Paris, dimanche 22 août 1999

Dans l'appareil qui me ramène à Paris, surprise : Marc est à bord. Il officie en classe « Business », mais s'arrange pour me couvrir de magazines, bouteilles d'eau de toilette et trousses de voyage, moi qui suis en classe éco. On m'a attribué un siège aux issues – à ma demande –, de telle façon que je puisse allonger mes jambes. En conséquence de quoi je fais office de « dame-pipi », puisque je suis assise juste au niveau des toilettes. Et ça ne désemplit pas !

Mon home m'attend, je dormirai mieux la nuit prochaine et je suis contente de rentrer à Paris. Finalement, Los Angeles n'avait d'autre intérêt que la clinique du Dr Ourian, où je venais faire mes épilations au laser. En dehors de ça ? Un peu de shopping, pouvoir être soi dans la rue sans crainte d'agressions style « sale travelo ». Juste quelques regards çà et là, parce que je n'ai pas le total look Californie.

Juste avant de partir, ce matin, l'homme de ma vie s'est présenté sur ma route. Dans la boutique Armani à Santa Monica. Brun, bronzé, musclé juste ce qu'il faut. J'ai essayé un pull que j'ai finalement acheté. Alors que je m'inquiétais de savoir si la taille était la bonne, il m'a rassurée sur mon choix. J'ai même failli penser que c'était un vendeur, mais nos regards ne se sont plus croisés.

Je sirote un gin tonic. Le dîner ne va pas tarder à être servi. 9 111 kilomètres... Bon voyage !

Paris, 7 septembre 1999

En regardant des photographies, je calcule le nombre d'années qui séparent deux d'entre elles, dont la plus récente date du lundi 30 août dernier : j'avais rendez-vous avec le Dr Masselier afin de préparer mon entretien du 10 septembre avec le Pr Vigon. Mon ami Grégory, coiffeur, était venu me composer un maquillage sobre et léger. Je portais un body noir et des prothèses mammaires sous une chemise blanche, une paire de jean's et des baskets noires. Plus sobre et plus simple, on ne pouvait pas !

Terry, un homo sans complexe que j'ai connu à Air Charter International, m'avait accompagnée en Austin-Mini à l'hôpital Sainte-Anne, où m'attendait un Dr Masselier aussi bronzé que détendu.

Terry et moi ne nous étions pas vus depuis juin, si mes souvenirs sont bons. Il était stupéfait du travail que l'Androcur a accompli sur mon métabolisme. Il faut reconnaître que deux comprimés par jour, ce n'est déjà pas si mal. Comme je rentrais de Los Angeles, Terry était persuadé que mes faux seins étaient des implants... Ce que nous avons ri !

En attendant, dans la perspective du 10 septembre et de ma confrontation avec le Pr Vigon, le Dr Masselier dit que, vu mon nouvel aspect, force sera pour le gentil professeur de convenir du changement... J'espère bien.

J'ai repris mes vols début septembre. Deux jours de travail et hop, arrêt maladie – otite ! – jusqu'au 14 septembre. D'une certaine façon cela m'arrange bien, car pour tout dire j'éprouve des réticences. Je ne supporte plus les sous-entendus, les petites phrases du genre « oui, sur le moment, le commandant de bord a eu une petite appréhension en te voyant, et puis finalement il t'a trouvée sympa », et les passagers qui se demandent à haute voix si je suis un homme ou une femme : « Les deux, mon commandant ! » Je ne supporte pas davantage le temps passé dans les chambres d'hôtel à me cacher, les petites dînettes et les soirées télé en solo tandis que les autres se font des « pots équipage » où je ne suis pratiquement jamais conviée...

Je réécoute cette chanson dont j'avais utilisé les paroles dans ma lettre du 16 août, avant mon départ pour Los Angeles ; j'ai reçu fort peu de réponses à cette missive. Comme je l'avais écrit je m'en doutais bien, je dois l'avouer... Cependant, les rares personnes qui m'ont appelée ont fait preuve de tant d'amour et de compréhension que, finalement, cela rattrape tout le reste.

Ce soir, j'ai expliqué mes projets à mon pharmacien « gay » et à son équipe. Même lorsqu'on les côtoie régulièrement, les gens ne se rendent pas toujours compte de ce que vous mijotez. Mon gentil préparateur en pharmacie, Roger, était tout ému. Mille questions ont suivi, comme à l'accoutumée. J'y ai répondu sans la moindre gêne, je crois même sans affectation et avec beaucoup de plaisir. Cependant je ne suis pas leur seule cliente transgenre (j'aime ce mot, il fait moderne et dit bien ce qu'il veut dire, sans connotation sexuelle) : il y a également Claude, « qui a gardé son numéro de Sécurité sociale avec un 1 devant, et ce n'est pas toujours évident... » Dixit.

Vendredi 10 septembre 1999

Merde, merde, merde, quel salaud ! Le Pr Vigon ne s'est pas présenté à notre rendez-vous... Cela fait trois mois qu'il m'a proposé ces deux dates, celle du 30 août et celle du 10 septembre, la plus importante de toutes. Et pas la moindre excuse ni le moindre repentir à l'égard de cette pauvre Andréa qui a patienté une heure trente dans une salle d'attente triste à mourir ! Ça m'a renvoyée huit ans en arrière, à l'hôpital Fernand-Widal, lorsque j'attendais de 16 heures à 19 h 45 après avoir payé ma consultation, et que le Pr Vigon ne daignait pas venir. Les autres filles comme moi, les travelos du Bois et les camées n'avaient qu'à bien se tenir...

Le pire, c'est que Greg, mon maquilleur, s'est décommandé et que mon soutien-gorge me serre trop. Je suis stressée au point d'avoir envie de vomir. Et ce médecin qui ne vient pas !

Heureusement que Terry m'accompagne, sinon je ne sais pas comment je serais rentrée chez moi, écœurée et dévastée comme je le suis. La scène d'effeuillage dans l'Austin (le « carrosse », comme nous l'appelons) de Terry vaut le détour : à peine avons-nous quitté la rue Cabanis que j'essaie de retirer mes prothèses mammaires et ce soutien-gorge qui m'étouffe. Les conducteurs des voitures arrêtées au feu rouge du boulevard Saint-Jacques doivent halluciner devant un tel spectacle !

À défaut de Greg, j'ai en vain essayé moult possibilités de maquillage, pour finalement rester « nature ». Et Terry qui ne cesse de me dire que je n'ai pas assez de Ricils... Ça n'arrange pas mon état !

Jeudi 16 septembre 1999

« Et maintenant, on fait quoi ? » ai-je tout à l'heure demandé au Dr Masselier qui, avec six jours de retard, tournait en rond dans son cabinet. Non seulement il ne s'est pas excusé mais il ne s'inquiétait que pour une chose : l'éventualité d'un accident du pauvre Pr Vigon qui n'était toujours pas là. Seulement je m'en foutais. Vigon pouvait bien crever, tout ce qui comptait pour moi était que mon dossier ne pouvait pas avancer... Finalement, depuis le début de mes investigations, j'aurai perdu six années, peut-être les plus belles de ma vie.

« Une autre solution, on va trouver une autre solution », ne cessait de me répéter Masselier. Mais quelle solution ? Terry était tout aussi déçu que moi, sauf que pour moi la Terre venait de s'arrêter de tourner, et que j'en étais toujours au même point.

Tout semblait pourtant « *on the rails* ». Le médecin chef d'Air France m'a même proposé un reclassement au sol au cas où, devenue femme, je perdrais ma licence de navigant. Non que la compagnie refuse un transsexuel à bord, mais parce que, avec mon mètre quatre-vingt-deux, j'excède quand même un peu la taille requise pour voler avec la belle robe bleu Nattier. J'avais pensé à tout, sauf à ça !

Quoi qu'il en soit, mon esprit se met à battre la campagne. Si je perds ma licence, je toucherai vingt-cinq mille francs de mon assurance, mais combien d'Air France et de ma caisse de retraite ? De toute évidence je vais devoir vendre mon petit appartement des Halles pour acheter ailleurs et changer de vie. Avec ce qui me restera je pourrai payer mes opérations et finir l'épilation de mon visage à l'aiguille. C'est bien beau, mais quid de ma poitrine ? Et du reste ?

Ma pauvre Andréa, comment vas-tu faire pour continuer à travailler dans cette entreprise, à cacher celui que tu étais « avant » et à fuir les doigts dirigés vers toi, sous-entendu « avant, c'était un mec, oui, je l'ai connu quand il était stew... » ? Partir ? Pourquoi pas ? Marc me l'a suggéré dernièrement. Quitter la France pour vivre à Los Angeles serait une solution de rechange, de toute évidence. Je mènerais une nouvelle vie, incognito, et tout pourrait recommencer, tout serait possible – ou presque !

Dans ce marasme, par chance pour moi, Terry qui a toujours de bonnes idées est venu à ma rescousse en m'invitant dans un bar gay du Marais. Ben voyons ! Si on m'y laisse entrer, je suis certaine de passer une bonne soirée et d'écouter de la bonne musique. Pas de souci, Terry est manifestement *persona grata*. Le barman nous accueille en lançant : « Tiens, voilà les hôtesses de l'air. » L'endroit est plein comme un œuf, enfumé, et la stéréo crache ses décibels au point que je suis quasiment dans l'impossibilité d'entendre les commentaires de Terry sur les éventuels « ex-futurs maris » qu'il a déjà repérés !

La soirée va bon train, je commence à me sentir mieux, je me laisse bercer par la musique, le jeu des regards et quelques sourires échangés ici et là. Le désir est une merveilleuse thérapie...

Là-dessus arrivent deux garçons, alors que je suis très occupée à regarder les entrants et les sortants ; j'aime bien observer les gens.

L'un de ces deux garçons est un grand blond, genre américain. Quant à l'autre, il semble tout aussi perdu que moi dans cet endroit. Il m'attire, c'est le moins que je puisse dire. Cependant nos regards refusent de se croiser. Mais il est là, à côté de moi, et cette seule certitude m'apaise.

Je suis assise à siroter mon gin tonic quand, soudain, les deux amis disparaissent de mon champ de vision. Dommage. Terry se souvient soudain de mon existence. Il me commente la beauté de tel ou tel garçon, ceux qu'il aime, ceux qu'il aime moins. Finalement, il semble s'intéresser à moi et me demande si j'ai vu quelqu'un qui pourrait me rendre le sourire dans cette assistance... Combien de fois devrai-je lui répéter que malgré toute la gentillesse que ces homos pourraient déployer à mon égard – et tout le bien qu'ils me veulent, sans aucun doute ! – ils ne correspondent pas à ce que je recherche et ne peuvent en rien m'apporter ce dont j'ai besoin dans l'immédiat.

Can't take my eyes off of you passe sur la platine du DJ et ne pouvait mieux tomber. Mes dix-huit ans. Le rêve que quelqu'un, un beau jour, me susurre ces quelques mots à l'oreille.

Détail fort peu intéressant, je ressens soudain le besoin de me rendre aux toilettes... Je demande à Terry de m'accompagner. Évidemment, dans un tel endroit, aller aux toilettes prend des allures de Paris-Dakar. Tandis que Terry m'attend à l'extérieur, nous conversons à travers la porte. Je lui reparle du garçon que j'ai aperçu tout à l'heure lorsque, subitement, la porte de la seconde toilette s'ouvre : c'est lui, un large sourire aux lèvres, qui me fait un clin d'œil. J'éclate de rire et lui explique ce qui vient de se passer. Et nous nous retrouvons installés côte à côte : le joli monsieur et son ami occupent la place juste à côté de la nôtre ; il est assis tout près de moi, il sent bon, il a les yeux bleus, il est grand, il a des mains immenses, il me sourit. Terry se lève, il a repéré quelqu'un, c'est sûr ; le bellâtre s'appelle Christophe et non *Hugo*, comme son parfum. Je me paie le culot de lui dire qu'il sent bon ; il me demande s'il peut « toucher l'hôtesse de l'air »... Nous parlons des heures et des heures, au point que le bar va bientôt fermer et que l'on nous met quasiment dehors. Il m'avoue que son copain, un Anglais, l'a traîné ici alors qu'il ne fréquente pas le milieu gay parisien et encore moins les bars. *Dito*. Puis il me raccompagne en bas de mon immeuble et me demande si je peux lui offrir un verre d'eau. Nul, le prétexte ! Nous avons certes pris un verre d'eau – enlacés. Il m'appelle son « petit poulet aux hormones ». Il ne peut pas mieux dire...

Ce garçon est si beau, dans sa tête comme dans son corps, que j'ai eu la soudaine envie de faire ma vie avec lui ; seulement voilà, de confidences en confidences, il m'apprend qu'il est... psychiatre. Le film a défilé sous mes yeux en quelques fragments de seconde. Tout s'annonçait bien jusqu'ici, mais je crains fort qu'un petit poulet hormoné ne fasse pas le poids face à Freud !

Jeudi 23 septembre 1999

Ce matin je lui ai chanté *Happy Birthday*. Cela fait deux semaines – quatorze nuits – que nous roucoulons ensemble, enlacés. Plus ce merveilleux week-end passé à faire l'amour, encore et encore, jusque lundi matin, lorsqu'il m'a quittée pour se rendre à son cabinet.

Après son départ, je me suis jetée sur ma boîte à pilules. Car ce week-end ne m'a pas fait changer d'avis au point de ne pas prendre mes hormones. Égoïste, je resterai égoïste et je prendrai auprès de ce garçon ce qu'il m'est permis de prendre jusqu'à ce qu'il se rende compte de ce que je suis réellement ; à moins que, comme d'habitude, je ne disparaisse de sa vie bien avant...

Il est pourtant si doux, mon psychiatre aux allures de bûcheron ! Et son corps, et ses bras lorsqu'il m'enlace, et sa bouche contre la mienne ! Sans parler du reste, car il a de quoi me combler pour le restant de mes jours !

Mercredi 29 septembre 1999

J'ai repris mes vols pendant deux jours, puis entamé six jours de réserve. Le premier de ces deux jours, je l'ai passé assise dans un salon d'Air France à attendre de remplacer un éventuel absent afin d'assurer son vol. Le deuxième, je me suis dirigée vers le dispensaire de l'aéroport, à cause d'un mal d'oreille. On m'a arrêtée trois jours, et mon médecin en a rajouté trois autres... Dois-je me sentir coupable ? Mais de quoi, après tout ?

Ma vie s'arrête chaque soir lorsque je prends mon somnifère, et recommence à zéro le lendemain ; chaque matin est un nouveau départ, une revanche sur la journée précédente... avec quelquefois des échecs aussi, il faut bien l'avouer. Les beaux jours ne sont plus très loin, j'en suis convaincue, c'est une certitude, une conviction...

Mercredi 6 octobre 1999

« Une belle grande jeune fille qui doit se protéger », telle est la définition que Gwenaëlle donne de moi. Entre deux tournages, les entretiens qu'elle doit faire pour de nouveaux boulots et la foule de projets qu'elle a en tête, elle trouve quand même un peu de temps à me consacrer.

Pas de nouvelles extraordinaires, si ce n'est que le mauvais temps est de retour, et avec lui les manteaux, pantalons d'hiver, chapeaux et écharpes moelleuses : de quoi satisfaire les plus frileuses, et moi – Andréa – en particulier ; je puis ainsi laisser libre cours à mes facéties vestimentaires. Mais cela ne va pas sans risques. Après 22 heures, prendre le métro devient une pure folie, de même que traverser le quartier des Halles pour rentrer chez moi, dans mon petit home, tant je m'expose à des sifflements, des roucoulements de toutes sortes, des insultes parfois.

J'aurais bien besoin d'un gentil chevalier servant pour me raccompagner, du genre d'Olivier, par exemple. C'est le mari parfait, idéal. Pourtant, inutile de trop rêver. Gwenaëlle me l'a confirmé : « Lorsque tu seras opérée, certes tu vas tomber sur des mecs qui vont t'amener directement au septième ciel ; mais pour le reste ne compte pas trop sur eux : après l'amour c'est tchao, même pas merci. »

Bien qu'il s'en défende, cela m'étonnerait beaucoup qu'Olivier déroge à ce principe. Au moins n'a-t-il pas oublié de me souhaiter une bonne fête, tout à l'heure. Cependant, plus qu'à la Saint-Bruno, j'espère qu'il pensera à la Saint-André(a), le 30 novembre prochain. Qui sait ?

À Air France, mes traits s'étant passablement affinés sous l'effet de l'Androcur, les employés que je n'ai pas vus depuis un certain temps me dévisagent ; ils sentent que quelque chose a changé en moi, mais ne sauraient dire quoi. Je les laisse se perdre en conjectures, ainsi que mes amants du moment quand ils s'étonnent du peu d'ardeur que je manifeste dans l'intimité. Pour donner le change, je me contente de leur expliquer que je suis fatiguée par la multiplication de mes vols...

À vrai dire, si je suis surbookée, c'est pour de tout autres raisons. Je cours sans cesse entre deux rendez-vous, après mes heures de travail, chez tel ou tel médecin ou chez ma dermato, le Dr Dalanda, afin d'effacer le petit duvet qui persiste. Celle-ci se dit pourtant enchantée du résultat de mon épilation au laser ; d'après son expérience j'ai même eu de la chance, car les résultats ne sont pas forcément satisfaisants pour tout le monde. En revanche, elle m'a mise en garde quant aux œstrogènes : elle craint que leur administration n'entraîne une perte de tonus, voire une déprime, sans compter les rondeurs qui vont s'installer ici et là.

Mais prendre des rondeurs, cher docteur, je n'attends que ça, surtout au niveau du torse ! Seulement voilà, pour que mes seins soient dignes de ce nom, elle estime que je devrai en passer par la chirurgie esthétique... « Alors avez-vous vraiment besoin d'une poitrine pour vous sentir bien ? » Oh que oui !

Il va sans dire que je donnerais cher pour prendre une pilule qui me transformerait – d'un coup de baguette magique – en une femme accomplie. Je pourrais enfin entrer dans les boutiques pour m'acheter de la lingerie ou une robe Versace sans que quiconque me scrute du coin de l'œil... Au lieu de quoi les chirurgiens devront faire leur office, et outre l'Androcur et le Prozac – qui me permet de ne pas sombrer dans le désespoir –, il me faut avaler des antihistaminiques et des anti-jambes lourdes pour éviter certains effets secondaires.

Mardi 26 octobre 1999

Ce matin, je suis allée consulter une nouvelle endocrinologue. Une femme qui se trouvait dans la salle d'attente m'a assuré que le Dr Signorel est très gentille et particulièrement dévouée.

De fait elle est charmante, en foi de quoi j'ai pu lui exposer mon cas sans détour. Elle me dit ne pas comprendre la raison qui pousse les professeurs Vigon et Lanois à bloquer mon dossier. Car même s'ils sont membres honoraires de la Commission, tous deux se trouvent à la retraite ! Mais dans ce « parcours du combattant » qui m'est imposé (c'est elle qui a employé l'expression), il semble qu'il y a tout de même une lueur d'espoir ; en effet, le Dr Signorel se propose de prendre connaissance de mon dossier à l'hôpital Cochin (où elle consulte également) et d'intervenir de telle façon qu'on me prescrive au plus vite un traitement d'œstrogènes associé à l'Androcur. Le tout sous huitaine !

Je suis pourtant ressortie de là un peu déçue qu'elle n'ait pas pris sur elle de rédiger une ordonnance sur-le-champ. Du coup, afin de me changer les idées, je suis rentrée via les Champs-Élysées, pour faire du lèche-vitrines. J'ai humé *Fragile*, le parfum de Jean-Paul Gaultier, admiré toutes sortes de colifichets et difficilement résisté à la tentation d'acheter mille et un produits de beauté. Cela n'aurait pas de sens, du moins tant que je n'aurai pas appris l'art du maquillage. Dans l'espoir de trouver quelqu'un pour m'y initier, j'ai scotché une petite annonce dans une librairie.

Sait-on jamais ? Peut-être que l'un des clients de passage voudra bien se dévouer ?

Mercredi 3 novembre 1999

Nouvel arrêt maladie. Motif : « Placard allergique aggravé par un staphylocoque localisé sur la joue gauche. »

Résultat, j'ai quitté la rotation de trois jours qui m'avait été dévolue depuis mon retour à Paris. Ceci alors que je me trouvais en transit à Brest, et réjouie à l'idée de déjeuner avec mon amie Denise... Le cadre de permanence m'a illico presto renvoyée vers le service médical : je me voyais mal lui expliquer que mes rougeurs étaient dues à l'épilation à l'aiguille que j'avais subie quelques jours auparavant. Car en fait de « rougeurs », ce n'est pas joli-joli à regarder. Je n'ai qu'une envie : dormir, me cacher, gratter cette immense plaque rougeâtre qui s'étale sur ma joue gauche. Pas question, dans ces conditions, de monter dans un avion et d'affronter les commentaires des passagers.

Aujourd'hui, malgré tout, j'ai dû me résoudre à sortir pour faire quelques emplettes, mon réfrigérateur étant pratiquement vide...

Et pour ne rien arranger, aucune nouvelle du Dr Signorel ! Huit jours ont passé depuis que je l'ai rencontrée. Que se passe-t-il ? Dois-je mettre ce nouveau contretemps sur le compte du week-end prolongé par le lundi férié du 1er novembre, ou une fois encore me suis-je laissé bercer d'illusions ?

Dans ces conditions, en tout cas, il me tarde bel et bien de reprendre mon travail à Air France. Même si je déteste me retrouver sur le quai du RER à 6 h 30 du matin alors que la ligne Orlyval ne fonctionne qu'à partir de 7 heures, combien j'aime mon métier ! La magie opère chaque fois que l'avion décolle, et quand nous nous retrouvons au-dessus des nuages je ne suis pas loin de me sentir invincible, intouchable, telle une déesse des airs...

Pourtant, là-haut comme en bas, il me faut supporter les regards et les chuchotements des passagers, sans oublier les attitudes compatissantes ou méprisantes de certains de mes collègues. Car – lui aussi – le personnel navigant sait faire montre d'ostracisme. Je le sens bien lorsque je me retrouve seule dans l'office, à l'arrière d'un A-320. Ou quand je ne suis pas conviée, lors de telle ou telle escale, à participer aux sorties et dînettes de l'équipage.

Le médecin de la compagnie, à qui j'en ai touché quelques mots, pense d'ailleurs que mon eczéma peut être d'origine psychosomatique. L'explication me semble un peu courte. Quoi qu'il en soit j'en suis à ingurgiter quinze comprimés par jour pour retrouver mon teint de jeune fille, plus le Prozac et les somnifères. Hier, par exemple, il m'a fallu prendre une pilule pour faire la sieste, et une autre dans l'espoir de m'offrir une nuit complète (les trois précédentes avaient été un enfer). Résultat, lorsque je me suis réveillée, ce matin, je titubais dans mon appartement comme si j'étais ivre morte...

Tout à l'heure j'ai ressorti les coordonnées d'une association, le PASTT [1], dont j'ai appris l'existence à la lecture d'un article paru dans *Libération*. Demain, c'est décidé, j'irai y chercher un peu de réconfort auprès de mes sœurs d'infortune qui, bien plus mal loties que moi, arpentent le trottoir et se font taper dessus. Qu'est-ce qu'elle ont, nos gueules ? Qu'elles soient frappées par un mac, un client ou l'eczéma, ne sont-elles pas belles à voir ?

Jeudi 4 novembre 1999

Tout à l'heure, j'ai pris mon courage à deux mains (oui, même dans mon cas, il faut encore du

---

1. Prévention action santé travestis transsexuels (48, rue Château-Landon, 75010 Paris, ou 94, rue Lafayette, 75010 Paris, tél. 01 53 24 15 40).

courage pour aller frapper à certaines portes) et je me suis rendue rue Lafayette, à la permanence du PASTT. J'étais un peu stressée, je dois l'avouer. Mais dans l'arrière-bureau, une voix suave et sensuelle répondait aux questions d'une autre fille dans mon cas qui est ressortie de là avec le sourire. Ça m'a donné de l'espoir.

J'ai d'abord été accueillie par Chris ; elle avait tout du travesti brésilien qui vient de se lever après une longue nuit et qui court se raser, de peur d'être surprise au saut du lit. En fait, elle est péruvienne. Et absolument adorable avec ça.

Elle m'a fait remplir un petit questionnaire, la première page seulement (celle de l'état civil) puisque n'étant ni prostituée ni toxico je suis simplement une transsexuelle non opérée, parfaitement insérée dans la société, disposant de la Sécurité sociale, d'une mutuelle, d'un emploi régulier et d'un toit digne de ce nom.

Une situation extraordinairement privilégiée par rapport à celle des travestis d'origine algérienne qui piaillaient dans le couloir en attendant d'être reçues. Chris m'a informée qu'elles étaient venues en groupe pour accompagner l'une des leurs : comme elles travaillent dans le même périmètre, elles sont très solidaires.

Quand est venu mon tour, j'ai été introduite auprès du Dr Camille Cabral, présidente de l'association. Une ravissante jeune femme blonde, aux cheveux courts, vêtue d'un joli tailleur rouge et noir et s'exprimant avec un fort accent italien. Quand je lui ai raconté mes démêlés avec le Pr Vigon, elle m'a expliqué qu'elle aussi avait fait le pied de grue dans son cabinet sans jamais le rencontrer... Oui, Camille Cabral est ma sœur, une « transsexuelle non opérée » !

De cette première entrevue – outre le réconfort –, j'ai déjà retiré deux choses. Primo que je suis loin d'être seule dans mon cas. Secundo que le Dr Cabral ne se paie pas de mots : la meilleure démonstration en est qu'elle m'a sur-le-champ recommandé un endocrinologue de ses connaissances et rédigé une lettre à lui remettre (pour la première fois, il y est stipulé noir sur blanc que je suis transsexuelle). Elle m'a également donné l'adresse d'un psy « super sympa ». Ça manquait à ma panoplie de médecins, un psy « super sympa »...

Du coup, tout le reste de la journée, j'ai marché sur un petit nuage.

Vendredi 5 novembre 1999

« Toutes les vérités ne sont pas bonnes à dire », paraît-il. J'ai horreur de ces phrases toutes faites et qui, au bout du compte, ne signifient rien. J'en veux pour preuve la réaction qu'a eue ma tante Paule (une « pièce rapportée » aux dires de ma grand-mère) à la lecture de la lettre que je lui ai écrite mardi dernier. Elle m'a téléphoné dès réception, ce matin même.

Habituellement elle ne parle que d'elle, de ses soucis de santé ou avec ses enfants, et mieux vaut prendre son mal en patience tellement elle est bavarde. J'avais même cessé de l'appeler à cause de ça. Eh bien ma lettre ne l'a pas laissée insensible. Mieux que cela, elle a affirmé qu'elle pense souvent à moi, me comprend et respecte mes choix. Ce qui m'a mis du baume au cœur.

Je regrette d'autant plus qu'elle n'ait pas joué un rôle plus important dans ma prime jeunesse, elle qui était ma subrogée tutrice. S'agissant de mes études, par exemple. Lorsque Mamie a appris à Paule que j'avais des « tendances un peu particulières », celle-ci ne s'en était pas émue. Elle lui aurait même répondu qu'elle le savait depuis longtemps et qu'il était évident pour elle que, dès l'enfance, j'avais déjà un problème de personnalité.

Très vite la conversation a dévié sur mes parents, mais je n'ai pas appris grand-chose que je ne sache déjà. Ce qu'ils auraient pensé de tout ça ? Je suppose que mon père aurait été furieux. Tante Paule m'a fait part de ce qu'il lui avait dit un jour : « J'ai cru avoir un petit mec, mais je pense que nous avons fait une gonzesse... » Ça m'a fait sourire.

Quant à maman, je ne sais pas quelle aurait été son attitude. Elle m'aurait sans doute considérée avec les yeux d'une mère, mais je ne saurai jamais le fin mot de l'histoire.

En attendant, qu'ai-je fait au bon Dieu pour mériter d'être orphelin à sept ans, et transgenre à trente-trois ?

Mercredi 24 novembre 1999

Pénultième séance d'épilation. 579 poils récalcitrants en moins. C'est à cela ou presque que se résume cette journée qui s'achève.

Plus aucune trace de l'horrible eczéma qui m'a défigurée pendant un mois. J'ai vraiment eu peur de rester dépigmentée ou violacée *ad vitam.* C'était sans compter sur le talent du merveilleux Dr Dalanda qui, depuis ma période acnéique, s'occupe de mon joli minois.

Grâce à elle, je ne mets pratiquement plus de fond de teint cache-misère : c'est « nature » que j'officie à bord de la flotte d'Air France.

Et cela me fait du bien de retravailler. Car pour le reste, le fait d'être impuissante à cent pour cent m'a rendue plus passive que jamais. Je vis quelque chose de merveilleux, d'indescriptible, qui se passe plus dans ma tête que dans mon corps. C'est une sorte d'extase, d'abandon que je ne pourrais pas décrire, sinon que, de toute évidence, mon état d'androgynie s'est fortement accentué depuis quelques semaines. Gwenaëlle me clamerait que j'ai gagné, puisque l'on m'appelle plus volontiers « madame » que « monsieur ». Cependant cela ne s'accorde pas très bien avec le port d'un uniforme de steward, c'est le moins qu'on puisse dire. Mais pourrai-je prétendre un jour porter celui des hôtesses de l'air ?

Peut-être le saurai-je bientôt, car le chef de service de Sainte-Anne, le Pr Brotte, m'a fixé rendez-vous au 1er décembre. Plus qu'une semaine d'attente avant de connaître le verdict final ? Comme je voudrais que cela soit vrai, et comme je voudrais pouvoir me transporter dans le temps !

Vendredi 3 décembre 1999

J'aurais dû m'en douter ! Le rendez-vous dont nous étions convenus avant-hier avec le Pr Brotte a été reporté, en l'occurrence au 21 décembre prochain. Par contre, sa secrétaire m'a fait savoir que le Dr Masselier souhaitait me voir ce matin. Ce psy semble oublier que j'ai une activité professionnelle et que je ne peux pas me dégager comme ça, quand l'envie lui en prend. Pour un peu, j'ai failli ne pas y aller. J'ai malgré tout réussi à m'arranger, mais je suis arrivée en retard. De toute façon, lui aussi est toujours en retard.

Et puis à quoi bon ce nouvel entretien ? Je n'ai

plus rien à lui dire. Masselier sait tout de moi, je crois, depuis janvier 1998, date à laquelle j'ai commencé à le consulter. Quand il m'a parlé de rigueur dans sa façon d'appréhender la transsexualité, je lui ai répliqué qu'il s'agissait plutôt de rigidité. Parce qu'il est hétérosexuel, il ne peut pas cerner toutes les subtilités de mon discours, qui s'inscrit dans un mode transgenre. J'ai même ajouté que je ne comprenais pas pourquoi, dans un service hospitalier ayant pour vocation de soigner des personnes souffrant d'un « trouble de l'identité de genre », on n'avait pas prévu la présence d'un transsexuel qui fût à même de mettre les gens à l'aise et de répondre aux questions qu'ils pouvaient se poser et auxquelles lui ne saurait répondre.

Contre toute attente, je dois admettre qu'il m'a écoutée avec beaucoup d'intérêt. Puis, soudain, il m'a lancé :

– Au fond, ce que vous demandez dans l'immédiat, c'est un traitement hormonal ?

Miracle ! Enfin il a saisi ce que je veux : des œstrogènes ! Leur prescription étant une étape incontournable avant la vaginoplastie, lui ai-je représenté, il ne peut être question de mettre la charrue avant les bœufs.

Décidément, il comprend vite mais il faut lui expliquer longtemps...

– Bon, a-t-il repris après un petit moment de réflexion. Une décision sera arrêtée avant la fin de l'année. Si elle devait être négative, nous trouverons d'autres solutions.

« D'autres solutions » ! Ça recommence ! Faut-il le croire ? En attendant, je ne lui ai pas soufflé mot de l'endocrinologue que la présidente du PASTT m'a indiqué (et que j'ai prévu de voir lundi prochain). D'ailleurs, c'est tout juste si le Dr Masselier connaît l'existence de cette association alors qu'il aurait dû depuis bien longtemps, selon moi, entrer en contact avec elle, sinon pour entamer un travail en commun, du moins pour se renseigner auprès du Dr Cabral.

Et il ose parler de rigueur... En tout cas il en manque en ce qui concerne la documentation !

Lorsque je lui ai signalé que quatre-vingt-quinze pour cent des transgenres ont recours à la prostitution pour survivre, il m'a rétorqué que mes statistiques étaient plus précises et complètes que les siennes.

C'est dire comme il est au courant !

Samedi 4 décembre 1999

Ma cousine Marie-Paule m'a appelée tout à l'heure. Elle est partie sur l'idée que j'ai déjà été opérée, alors je ne l'ai pas contredite. Elle ne demandera pas à vérifier...

Elle s'est dite heureuse pour moi que je me sente

mieux dans ma peau et dans ma tête, puis elle a évoqué ma petite enfance. Malgré nos huit ans de différence, elle se souvient de mes énormes poupons que je câlinais, habillais et déshabillais sans cesse.

Ça m'a touchée et fait sourire. Les rares liens qui subsistent avec mon passé sont si précieux !

Mardi 21 décembre 1999

Tout à l'heure, quand je suis entrée dans le bureau relativement cosy du Pr Brotte, je n'avais rien à perdre et tout à gagner. Alors je suis restée très calme, très posée. Mon débit était régulier, sans hésitation aucune. Le professeur ne s'est d'ailleurs attardé que sur des points de détail : pourquoi suis-je de moins en moins à l'aise dans ma fonction de steward ? Comment les passagers et les autres membres d'équipage peuvent-ils être aussi virulents envers moi ? Tout cela me semblait hors sujet, et je ne voyais pas la raison pour laquelle il y attachait tant d'importance. Mais, enfin, c'est lui le grand ponte de la psychiatrie, alors j'ai préféré entrer dans son jeu et répondre à toutes ses questions. Au fond j'étais là pour faire le point, et je pense y être arrivée.

La preuve : « Vous avez mon feu vert », a-t-il fini par trancher en se tournant vers le Dr Masselier qui, dans ses petits souliers, n'en menait pas large. Il faut dire que Brotte a piqué une sorte de colère froide en dénombrant pas mal de carences dans la gestion de mon dossier. Pourquoi son collègue n'a-t-il pas cru devoir appeler le médecin chef d'Air France ? Et pourquoi a-t-il attaché tant d'importance à la longue période qui s'est écoulée entre mes premières visites à l'hôpital Fernand-Widal, fin 1991, et à l'hôpital Sainte-Anne, en 1997 ?

Masselier s'est contenté de vagues réponses qui n'ont pas fait illusion. En tout état de cause la chose est entendue et Masselier, que je devrai néanmoins revoir pour la suite des événements, n'aura qu'à bien se tenir.

Et comme une bonne nouvelle n'arrive jamais seule, suite à mon agression par plusieurs passagers à l'aéroport Roissy-Charles de Gaulle en 1997 [1], j'ai obtenu du tribunal de grande instance de Paris cent quatorze mille francs de dommages et intérêts. Bien moins que ce que mon avocat avait demandé, mais c'est déjà ça de pris. Cela me paiera ma vaginoplastie. Eh oui ! Je raisonne, dorénavant, en termes d'interventions chirurgicales : mammoplastie, cinquante mille francs ; vaginoplastie : quatre-vingt mille francs ; etc. D'autant que Gwenaëlle, que j'ai appelée dès mon retour à la maison,

1. Cf. p. 27.

m'a recommandé de ne pas regarder à la dépense : « Il faut prendre ce qu'il y a de mieux, Andréa... Et n'aie pas peur ; tu souffres le martyre pendant huit jours, tu te lèves, tu te regardes dans le miroir et... rien, parce que justement tu as la sensation que "ça" a toujours été comme ça et qu'il ne pouvait en être autrement. »

C'est exactement ce que je me dis quand je contemple mon visage : ai-je jamais eu de la barbe ?

Ah qu'il me tarde que les fêtes de fin d'année soient passées, que je puisse prendre rendez-vous !

Mercredi 29 décembre 1999

Hier il a plu des cordes et j'avais l'esprit tout aussi gris que le ciel de Paris. Alors aujourd'hui qu'il fait si beau, autant en profiter pour lécher les vitrines du Faubourg-Saint-Honoré, mon avenue préférée, et m'offrir le plaisir de quelques cadeaux de Noël.

J'ai commencé par la boutique Hermès, où j'avais fait mettre de côté un nouveau carré – baptisé « Cosmos » – que j'avais découvert au hasard de mes lectures de magazines féminins.

Que de monde, et que de beau monde surtout ! Je ne devrais jamais quitter le Faubourg, et encore moins la boutique Hermès. Elle est faite pour moi : colorée, cosy, feutrée, avec du personnel attentif, aux petits soins. Et puis, pour faciliter les choses, je me présente sous un pseudonyme à particule. Ainsi me suffit-il de réserver par téléphone, auprès du service client, un carré pour « Andréa de Fersen » et j'évite de faire la queue, de me mêler à cette horde de folles hystériques qui s'arracheraient presque la soie des mains.

Je me suis également offert le luxe du Gavroche qui va de pair, tout aussi « Cosmos » que les carrés du même nom, et pour la peine la vendeuse m'a offert un merveilleux petit livret sur l'art de les nouer.

Ensuite, quittant cette honorable maison, j'ai pris la direction du point de vente de Thierry Mugler (prononcer « mujlé », façon Terry). Cette paire de lunettes tant convoitée depuis l'article paru dans *Madame Figaro* était-elle enfin disponible ? Oui, elle l'était. Et la boutique était vide. Rien que pour moi, un charmant vendeur prénommé Patrick et griffé Mugler de la tête aux pieds s'est démené.

L'envie était grande d'essayer une robe fourreau qui m'aurait mise en valeur, mais je n'avais pas d'autre choix que de rester raisonnable. Alors j'ai repris le métro et retrouvé la grisaille des Parisiens en transhumance en n'ayant qu'une hâte, retrouver mon petit home et ouvrir mes paquets, nouer mon carré autour du cou et glisser mon Gavroche dans la poche du smoking fraîchement retouché que Marc m'a offert il y a quelques années.

Ce smoking, je viens de le faire retailler, en effet, façon Yves Saint Laurent, avec un large revers dans le bas. Il fallait voir la tête de la couturière lorsque je suis allée essayer son pantalon avec des escarpins. Pour donner le change je lui ai dit que j'allais fêter le nouvel an à Berlin – chez un cousin –, que le thème de la soirée était inspiré du film *L'Ange bleu* et que je devais y incarner le personnage de Marlene Dietrich.

Ce que ne soupçonnait pas la dame, c'est que je souhaitais ajouter cette sublimité à ma garde-robe non pas pour jouer les Lili Marlene dans une soirée quelconque mais pour être moi, *me*, *myself* lors d'un grand bal ou d'une soirée à l'Opéra, bien évidemment en espérant y être invitée.

Car j'en suis convaincue, dans ma vie il y aura un avant et un après. Là, je vis l'avant. L'après reste à venir.

Donc le Gavroche a trouvé sa place dans la poche de mon smoking. Je sais, on ne met pas de pochette avec un smoking... Mais moi, Andréa, je n'ai pas fini d'innover !

En attendant, le réveillon du 31 ne « s'annonce » pas du tout. Rien de prévu, tout est tombé à l'eau. Philippe se dit prêt à suivre le mouvement mais Terry ne veut pas entendre parler de passer le cap du nouvel an dans mon restaurant préféré, le très branché « Petit Bonheur ».

Si ça continue, je crois que je vais finir seule à la maison, devant ma télé, mon foie gras et mon quart de champagne... Non, ce quart de champagne, je ne l'ai pas piqué dans l'avion : il n'y en a plus à bord, bande de mauvaises langues !

– 2000 –

L'attente

Paris, jeudi 20 janvier 2000

L'année a commencé sur des chapeaux de roues... et même un peu trop rapidement à mon goût ! En vrac, j'ai vendu mon petit home en deux jours puis je me suis aperçue que je l'avais mal négocié en m'engageant sur des promesses que je ne pourrais pas tenir, dont celle de prendre à ma charge les travaux de ravalement votés par la copropriété...

Du coup, depuis le début du mois, je visite des appartements à des prix défiant toute concurrence : trente et un mille francs le mètre carré en plein cœur du Marais, sans compter les aménagements nécessaires... c'est une vraie folie !

Je comprends maintenant pourquoi le jeune homme qui a fait l'acquisition de mes trente-cinq mètres carrés se frotte les mains : tout est nickel à l'intérieur, et la remise à neuf de l'extérieur se fera à mes frais... La gourdasse que je suis ! Et rien à faire, je l'ai vérifié auprès de l'assistance juridique : maintenant que la promesse de vente est signée, pas question de revenir dessus. Pourtant, il doit bien y avoir des cas où l'on peut faire marche arrière !

En effet, hors achat, pour rendre mon futur logement habitable il me faudrait emprunter trois cent mille francs sur douze ans, et rembourser des échéances mensuelles de près de trois mille francs. Ceci alors que mon salaire diminuera si je suis reclassée au sol (car finies les indemnités de vol !).

Sans oublier qu'être une femme coûte cher. À titre d'exemple, une coupe « homme » me revient à cent dix francs tandis que le moindre coiffeur de ces dames affiche le brushing à cent soixante-quinze francs.

Sans compter non plus que je devrai entièrement financer ce qui fera de moi la splendide créature que je veux devenir.

Mais il y a pire encore ! Début janvier, comme convenu, j'ai appelé le Dr Masselier pour savoir où nous en étions. Le Pr Brotte ne m'a-t-il pas donné un avis favorable et sa parole n'est-elle pas censée contrebalancer celle du Pr Vigon qui me fait chaque fois faux bond ? Eh bien non, que nenni ! Ce vieux bouc à la retraite veut absolument me rencontrer, mais je ne me laisserai pas faire. Je lui oppose un non catégorique. Du coup j'ai téléphoné au Dr Signorel, mon endocrinologue, pour lui demander conseil. Las... Selon elle il me faut attendre la décision du Dr Lanois – endocrinologue à Cochin –, à la retraite lui aussi, mais qui a tout de même son mot à dire...

Et pas de nouvelles non plus du Pr Mazel, ce chirurgien qui devait me convoquer afin de m'expliquer la manière dont se pratique la vaginoplastie. « Si vous êtes opérée », a gentiment précisé Masselier.

– Effectivement, s'est empressé d'ajouter ce dernier, malgré l'avis favorable du Dr Brotte, nous sommes tenus d'attendre la prochaine réunion de la Commission qui se déroulera à la fin du mois de mars. Et encore, ce n'est pas gagné, puisqu'il faut que le reste de l'équipe donne son avis, dont le Dr Mazel, etc.

Ah, elle commence bien, l'année 2000 ! Je vais me retrouver dans une chambre de bonne faute de pouvoir acheter autre chose, en stand-by à Air France en attendant de savoir ce qu'on y fera de moi, et avec deux mille francs de salaire en moins...

Au bas mot !

Dans toute cette histoire, ce qui m'ennuie le plus, c'est que les dommages et intérêts que m'a accordés le tribunal de grande instance s'en vont directement sur mon compte épargne logement alors que je souhaitais les consacrer à mon changement de sexe.

Heureusement, pour l'heure, je suis toujours en arrêt maladie. Cela durera jusqu'au 30, puis j'enchaînerai sur un mois de travail en temps alterné. Après quoi je m'envolerai pour Los

Angeles – une bouffée d'air pur que j'attends avec impatience –, puis en mars, vers le 8, je risque d'être reclassée au sol.

Alors, comme il faut bien que je me raccroche à quelque chose, je ne pense plus qu'à Los Angeles. Là-bas, malgré nos ruptures, Olivier doit m'accompagner. Avec lui, je vais m'amuser. Et Dieu sait si, en ce moment, j'ai grand besoin de me changer les idées !

Dimanche 23 janvier 2000

Je suis en train de passer le pire des week-ends. Christophe, mon bûcheron-psychiatre, est malade. Depuis hier il reste affalé devant la télé, zappe de chaîne en chaîne et passe du lit à table ou sur le canapé.

Cela fait deux jours que je fais office de soubrette. Hier après-midi, j'étais tellement déprimée que je l'ai laissé jouer avec la télécommande pour aller m'offrir une grande sieste. Il faut dire que la couleur du ciel, l'ambiance et les émissions étaient si déprimantes qu'il n'y avait pas d'autre solution.

Le soir venu, j'ai dû appeler SOS Médecins puis sortir acheter les médicaments prescrits à Christophe et de quoi assurer nos repas. Enfin, le dîner rapidement expédié, j'ai avalé deux somnifères pour être sûre de bien dormir. Il n'empêche que j'ai eu énormément de mal à trouver le sommeil. L'erreur que j'ai faite en vendant mon appartement n'a pas fini de me gâcher la vie...

Paris-Los Angeles, le 4 février 2000

Reléguée à la rangée n° 29, je me trouve coincée entre Olivier et une dame au demeurant charmante. Il fait une chaleur à crever, j'ai mal aux jambes et il me reste encore huit heures de vol à tirer. Alors autant en profiter pour réactualiser mon journal de bord !

Ce dérivatif est d'autant plus agréable que je pars l'esprit relativement tranquille. Car j'ai finalement réussi à « casser » la vente de mon appartement. J'en ai été pour trente mille francs de ma poche. Un accord « à l'amiable » qui me coûte cher, certes, mais si peu au regard du calamiteux déménagement qui s'annonçait !

Autre bonne nouvelle, je reste classée parmi le personnel navigant commercial. Plus question de perdre ma licence. En effet, j'ai passé le début de la semaine entre l'antenne médicale d'Air France à Orly et le CEMPN[1] de Roissy. Et là, heureuse surprise, le médecin chef – un homme – m'a

1. Centre d'études médicales du personnel navigant.

demandé si mon souhait était de poursuivre les vols ! Bien sûr, ma réponse fut « oui ».

Et pourtant, ce n'était pas gagné. Non docteur, pour la énième fois je vous répète que je n'ai pas eu recours à la chirurgie esthétique ; non, je ne me suis pas fait gonfler les lèvres.

Air France n'étant pas décisionnaire – seul le certificat d'aptitude physique et mentale du CEMPN fait foi –, le docteur m'a proposé de poser une demande de dérogation auprès de la Direction générale de l'aviation civile afin que, après avoir montré patte blanche en matière de santé, je puisse conserver ma fonction : c'est une grande première, puisque ainsi je serai le premier cas de transsexualité admis et reconnu au sein de la compagnie nationale.

Quant au médecin chef d'Air France, incontestablement doué pour l'écoute, il ne s'est pas départi un seul instant de son aimable sourire. Au reste, m'a-t-il rassurée, il n'a jamais été contre mon maintien au sein du personnel navigant.

Mais il n'en allait pas forcément de même avec ma responsable hiérarchique. Que celle-ci eût une assez mauvaise réputation m'importait peu, je savais qu'elle ne la méritait pas et connaissais celles et ceux qui la colportaient : quelques personnes à qui elle avait fait des remontrances – parfaitement justifiées – et qui lui en voulaient. Seulement je me devais de lui dire la vérité – et toute la vérité –, ne serait-ce que pour mieux solliciter son aide. Je ne souhaitais qu'une chose : qu'elle me prenne au sein de son service dans le cadre d'un reclassement temporaire au sol afin d'éviter le *remake* de ce que j'avais vécu avant la fusion d'Air Charter avec Air France.

J'ai abordé le sujet de la façon suivante : peu de temps après notre intégration à Air France, un commandant de bord avait lancé à la chef de cabine, en me voyant : « Le travelo, tu m'le fous à l'arrière » (c'est-à-dire en classe économique). Heureusement pour moi, la jeune femme prit ma défense et menaça de quitter l'appareil sur-le-champ si le pilote persistait dans son ostracisme. Finalement j'ai volé en première, comme prévu, et le commandant de bord – à qui je servis son repas – m'aurait presque fait la bise à l'atterrissage...

Par la suite j'ai eu maille à partir avec une instructrice, une vieille fille bon chic bon genre aux petites lunettes rondes qui s'est fait un malin plaisir d'écrire à mon sujet, à l'issue d'un vol commercial : « La personnalité de M. Bruno Colliaux est de nature à choquer les passagers et à faire perdre à la compagnie bon nombre de passagers dits à "haute contribution"... » Je n'avais jamais imaginé être « choquant » au point de faire fuir les gens, tel un épouvantail.

Ladite demoiselle s'y était si bien prise avec le personnel d'encadrement que celui-ci s'arrangeait toujours pour que je me retrouve en classe économique. Pire, je n'étais autorisée à quitter l'office pour traverser la cabine qu'en cas d'extrême nécessité, de manière à ce que les passagers me voient le moins possible. Cette consigne, je ne l'avais évidemment pas respectée. Mon plaisir à bord d'un avion consiste justement à faire mon petit tour en cabine, à m'inquiéter du confort des passagers et à distribuer des douceurs ou des jouets aux enfants.

J'avais eu beau m'expliquer avec cette instructrice et prendre conseil auprès d'un avocat, rien n'y avait fait : le fameux rapport était resté scotché dans mon dossier durant plus d'une année, jusqu'à ce que la chef hôtesse le classe verticalement... dans sa poubelle ! Entre-temps, par chance pour moi, la vieille fille avait disparu de la circulation...

En foi de quoi, à Air France – lors de mon précédent entretien annuel –, ma nouvelle supérieure m'avait fait promettre « de faire des efforts et d'avoir une attitude un peu plus neutre et masculine ». J'avais acquiescé, tout en lui cachant qu'à terme il me serait impossible de conserver une pareille attitude, puisque je souhaitais justement que ma féminité éclate au grand jour.

Alors, évidemment, quand j'ai essayé de lui dire, lors de ma dernière visite, ce qu'il en était, j'ai lu une certaine incompréhension dans son regard ! J'ai donc joué franc jeu, lui révélant sans ambages ma vraie nature, c'est-à-dire ma transsexualité.

Je ne m'étais pas trompée sur elle. Sensible à ma franchise, elle m'a aussitôt assuré qu'elle ferait le nécessaire pour que les précédents débordements ne se reproduisent pas, et même qu'elle prendrait contact avec la chef hôtesse afin d'envisager mon reclassement au sol – voire au sein de son service – si cela se révélait nécessaire.

Sans être le moins du monde indiscrète, elle m'a ensuite posé quelques questions concernant le pourquoi et le comment de ma démarche. Je lui ai répondu sans détour. Nous avons longuement parlé de mon traitement en cours et des opérations à venir, sachant que je peux compter sur elle, car c'est une femme d'exception.

C'est peu dire que je suis ressortie de cet entretien sereine, libérée, soulagée d'un poids trop lourd pour moi. Désormais je ne suis plus seule et, mieux que cela, Air France est officiellement au courant de la situation ; pas seulement au sein du service médical, mais au sein de la hiérarchie.

Quand on y travaille, on sait qu'une compagnie aérienne n'est pas une entreprise comme une autre. Celles et ceux qui la dirigent ou y œuvrent portent avant tout, par-dessus tout, chacun à son niveau, la responsabilité du confort et de la sécurité des passagers qui leur confient le soin de les transporter au bout du monde. Mais que de surcroît l'humanité s'en mêle jusqu'à accepter une différence comme la mienne, au sens le plus noble du terme, et l'on se sent définitivement redevable !

Paris, samedi 26 février 2000

Cela fera quasiment deux semaines demain que nous sommes rentrés de Los Angeles. Dur, dur. Depuis lors j'ai passé le plus clair de mon temps à dormir. Je crois que toutes ces transformations tant souhaitées me font peur, inconsciemment. L'attente de la décision de la Commission ne m'en est que plus insupportable.

Hier, j'ai rendu une petite visite au Dr Perrieau, mon médecin de famille : mon ventre me fait toujours souffrir et j'ai le sein gauche qui se développe plus rapidement que le droit. Pas de quoi paniquer pour autant, si je l'en crois, car je m'inscris dans le cas de figure d'une jeune fille de quatorze ans se trouvant en pleine puberté...

J'ai devant moi un trimestre de paperasse à classer. J'ai préparé un classeur, ce qui est un début, mais le courrier s'y entasse sans que je prenne seulement la peine de l'ouvrir !

Aucune énergie, pas la moindre volonté... Je n'en peux plus d'espérer que la Commission se réunisse enfin, dans un mois, et me fasse connaître une réponse définitive.

Je verrai le Pr Mazel le 3 mars prochain, « pour

une première visite ». Et après ? Combien de temps me faudra-t-il encore patienter avant que je ne sois opérée ? La vie en société est devenue pour moi quelque chose d'impossible, dans le sens où je n'arrive plus du tout à me situer. Par moments je suis heureuse de ce qui m'arrive, à d'autres j'aimerais que tout ce calvaire soit enfin terminé, je devrais plutôt dire achevé. C'est long, trop long...

J'ai vu un nouveau psy, le Pr Colette Chiland, le Dr Masselier ayant exigé un avis complémentaire. Il m'a donc envoyé la consulter, elle qui paraît-il n'a pas sa pareille en matière de « troubles de l'identité de genre ». C'est une vieille dame charmante avec laquelle je me suis sentie très à l'aise, bien qu'elle ait éprouvé une certaine peine à garder les yeux ouverts tandis que nous parlions de ma petite enfance. Après quoi j'ai entamé le récit de mes visites à l'hôpital Fernand-Widal et du verdict du Pr Vigon : « Vous êtes un homosexuel efféminé », avait-il immédiatement sanctionné.

– Ce que vous n'étiez pas, a aimablement rectifié le Pr Chiland.

Forte de cet encouragement, j'ai abordé la question de l'homosexualité-transsexualité ; de ma vie avec Marc ; de notre séparation ; du couple homo-hétéro que nous avions essayé de copier et de l'échec qui s'en était suivi. Ai-je convaincu ce médecin psychiatre ? Je ne sais ce qu'elle déduira de mes propos, mais j'ai largement insisté sur le fait que j'ai un toit sur ma tête, que je suis bien insérée professionnellement et que mon entourage est au courant de ma situation, celle-ci ayant été acceptée par la plupart de mes ami(e)s.

Que dire de plus ? Que passé le mois de mars, si la Commission ne m'a pas donné sa bénédiction, je peux toujours me faire opérer à l'étranger ? Et que s'il le faut, pour cela, je n'hésiterai pas à casser mon plan d'épargne ? À quoi bon ? Je serais plus sécurisée si cette intervention chirurgicale pouvait se dérouler à Paris, mais si le destin en veut autrement je ne m'y opposerai pas. Bien au contraire.

Nantes-Paris, lundi 6 mars 2000

À la veille de mon trente-quatrième anniversaire, j'écris ces quelques lignes dans le TGV qui me reconduit à Paris, après un bien triste week-end passé à Nantes avec Marc – mon ex-amant de cœur – et son adorable maman.

Vendredi, juste avant de partir les rejoindre, je devais rendre visite au Pr Mazel. C'est lui qui, si tout se passe comme prévu, sera chargé de diriger ma vaginoplastie.

J'avais rendez-vous à 13 heures, mais il m'a reçue avec une heure trente de retard. Malgré l'expérience que j'en ai, je ne m'habitue pas à ce mépris avec lequel tant de pontes et mandarins se plaisent à faire perdre du temps à leurs patients. C'est odieux et parfaitement inadmissible.

Doté d'une petite moustache, le Pr Mazel est un homme sec et austère comme un coup de trique. Tandis que son assistante prenait des notes sur un micro-ordinateur, je lui ai tendu des certificats datant de plus de vingt ans, l'un concernant mon ablation de la rate, l'autre la pose d'une prothèse en lieu et place de mon testicule gauche. Deux opérations consécutives à l'accident au cours duquel mes parents avaient trouvé la mort. « Tout ceci est secondaire comparé au reste », a tranché le professeur, pressé qu'il était d'aborder le vif du sujet.

Cette entrée en matière aurait dû me révolter mais je ne pouvais que me taire, tant j'étais impatiente d'écouter ses explications.

D'abord il fut question de la profondeur de mon futur vagin. C'est, à ses dires, la première préoccupation des patientes dans mon genre. La peau du pénis étant retournée comme un gant, si j'ai bien compris, il ne faut pas espérer une cavité vaginale de plus de six centimètres. Esthétiquement, vu de l'extérieur, ça peut faire illusion. Mais quant à avoir des relations avec un partenaire masculin relativement bien membré, et surtout des orgasmes, il ne faut pas y compter.

Pour le reste, l'intervention chirurgicale s'effectue en deux fois. La première pour la création du néo-vagin, la seconde pour les finitions esthétiques. S'ensuivent dix jours d'hospitalisation, dont une semaine d'alitement complet avec tous les risques de complication réputés possibles, lesquels peuvent entraîner une issue fatale.

Un dernier détail : pour le délai d'attente il faut compter de six mois à un an. À condition d'avoir obtenu, au préalable, l'accord de l'Ordre des médecins et de la Commission dont le Pr Mazel fait partie, comme de bien entendu...

Bref, tout pour plaire !

Je suis ressortie de là bouleversée, désespérée, et qui plus est inquiète à la perspective de rater mon train à la gare Montparnasse. Ça n'a rien de comparable, mais dans le désarroi, tout prend des proportions apocalyptiques. Pour ne rien arranger il faisait gris, pluvieux et froid sur la capitale. Afin de rattraper le temps perdu j'ai sauté dans un taxi, mais je suis restée coincée trois quarts d'heure dans les embouteillages et ça m'a coûté une petite fortune.

Seule consolation, je suis arrivée à dix minutes du départ et j'ai pu voyager en première classe. « Forfait week-end » oblige, ou quelque chose du même genre. Totalement anesthésiée par toutes ces émotions, j'ai dormi durant les deux heures du trajet.

À Nantes pleuviotait le même temps que sur la capitale. Mes hôtes ont eu beau se démener pour me dérider – les pauvres n'y sont vraiment pour rien –, les deux jours que j'ai passés avec eux ont été parfaitement sinistres.

Paris, samedi 25 mars 2000

Hier après-midi, alors que je bénéficiais d'une demi-journée de repos grâce à la réduction du temps de travail, je me suis contentée d'aller récupérer un pantalon chez mon couturier préféré, puis je suis rentrée m'enfermer chez moi.

J'aurais pu profiter de ces quelques heures pour faire quelque chose de constructif, eh bien non : j'ai refusé une invitation à dîner suivie d'un concert à Saint-Julien-le-Pauvre pour me mettre au lit avec un certain nombre de somnifères. Pour tout dire, je ne sais plus trop combien j'en ai avalé. Je me revois devant la porte du placard, mais après c'est le trou noir...

Ce matin, je me suis réveillée nauséeuse à souhait. À force de dégoût, les jeux sont-ils faits ? Je ne sais, sinon que rien ne va plus...

Vendredi 14 avril 2000

Dans la salle d'attente du PASTT, où je me suis rendue tout à l'heure, se trouvait une grande fille noire. À sa demande je lui ai donné dix francs, car elle n'avait pas assez d'argent pour aller au Bois. Peu après j'ai fait la connaissance de Savanah. Tout simplement sublimissime. Elle est colombienne et fait le tapin à Auteuil. Ce qui ne l'empêche pas d'avoir un ami ; elle a même été présentée à la famille de ce dernier. Il ne touche jamais son sexe de garçon, m'a-t-elle précisé, « pour ne pas la mettre mal à l'aise ».

Après une heure d'attente, je suis enfin reçue par Léa et Sonia. L'une arbore une somptueuse poitrine (des implants mammaires), tandis que l'autre a fait l'expérience d'une vaginoplastie. Mais elle a refusé d'être opérée à Paris, préférant les services du Dr Bennett, un chirurgien de Brighton dont elle m'a donné les coordonnées. À l'en croire c'est le meilleur spécialiste européen, peut-être même le meilleur du monde. Grâce à lui, sa profondeur vaginale atteint les dix-neuf centimètres, et son « clitoris innervé » (une spécialité développée par le Pr Bennett) lui permet d'atteindre l'orgasme. Elle espère même être remboursée par la Sécurité sociale...

Biarritz, lundi 17 avril 2000

Faire semblant de croire encore que l'on est « une femme en devenir », c'est bien beau. Sauf que mon numéro de Sécu n'est pas près de commencer par un « 2 »...

En attendant de revoir le Pr Lanois, mardi en huit, je me prélasse à Biarritz, histoire de passer quelques jours à patauger dans les algues, les boues, les bains soufflants et bouillonnants de la thalassothérapie locale. Sans oublier les massages, exécutés par des mains expertes.

« Bonjour madame » : cela avait bien commencé. Ça c'est compliqué lors de la consultation du médecin de la station, qui n'a rectifié le tir qu'en voyant le « Madame » qui figure sur mon dossier de curiste. Mais la kiné ne s'est pas plantée, bien qu'elle ait dû manipuler mon dos bloqué, de bas en haut, sans négliger le plexus...

Mercredi 19 avril 2000

Troisième jour de thalasso. Complètement claquée, je dors quatorze heures par nuit, sans compter les siestes. Il est vrai que le temps s'y prête, la grêle le disputant en permanence à la pluie...

Et puis, pour ne rien arranger, je ne cesse de faire et refaire mes comptes. Il me manque la coquette somme de vingt mille francs pour payer ma vaginoplastie. À moins que la Sécurité sociale n'accepte de prendre en charge cette intervention (ne serait-ce qu'en partie), je ne vois pas comment je pourrai, par la suite, m'offrir la poitrine de mes rêves...

Samedi 6 mai 2000

Ma bien chère Gwenaëlle,

Pas de nouvelles, bonnes nouvelles ! Je suppose que tu es partie pour quelque tournage ou pour faire des repérages, si mes souvenirs sont bons. En ce qui me concerne, c'est à Paris que le décor reste planté. Et, crois-moi, mon scénario est plein d'intrigues et de rebondissements en tous genres.

Combien de fois t'ai-je répété que ça y était, que j'avais reçu un avis favorable, que le cauchemar était terminé et que les choses allaient se mettre en route ? Depuis décembre 1999, au moins trois bonnes fois... Et j'en suis toujours au même point ou presque !

La Commission qui doit statuer sur mon sort s'est paraît-il réunie le 30 mars dernier ; je n'en savais rien et tant mieux, car ses membres n'ont pas pu s'accorder sur une réponse ferme et définitive me concernant.

Tout ce que j'ai obtenu de tangible, c'est un nouvel entretien avec le Pr Lanois, l'endocrinologue de Cochin. Notre rendez-vous avait été fixé au 26 avril à 17 heures. Autrement dit en pleine grève des internes. C'est peut-être la raison pour laquelle j'ai été reçue à son cabinet, et non pas à sa consultation (un sacré privilège !).

Je me suis présentée à lui parfaitement reposée, en pleine forme, la mine superbe et allégée des deux kilos perdus pendant ma cure de thalasso, à Biarritz.

Grande première, j'ai été accueillie par un « bonjour madame » du meilleur aloi. Le Pr Lanois a fait des progrès, lui qui au mois d'octobre prenait encore tant de plaisir à m'appeler « monsieur ».

Pourtant, après examen de ma divine plastique, le diagnostic est vite tombé. Comme un couperet : « Certes, votre corps est complètement démasculinisé, mais il n'a en aucun cas les caractéristiques d'un corps féminin. » J'ai failli lui rétorquer que ma transformation aurait pu être plus avancée s'il m'avait prescrit ces œstrogènes qui, paraît-il, font des miracles, mais j'ai su me retenir. C'est alors qu'un sketch de Raymond Devos m'est revenu en mémoire. Tu sais, celui de l'ambulance qui s'engage sur un rond-point et qui ne peut plus en sortir parce que toutes les routes qui y donnent accès sont en sens interdit !

À en croire le Pr Lanois, mon médecin est un imbécile, lui qui m'avait annoncé un développement mammaire et donné des antalgiques : si quelque chose est apparu au niveau de ma poitrine, ce n'est que de la graisse ; pareil pour mes hanches qui se sont pourtant élargies : de la graisse, rien que de la graisse.

– Pourtant, professeur, depuis un an que je suis sous Androcur, non seulement je n'ai pas pris de poids mais j'ai perdu deux kilos...

– Madame, ne parlez pas de choses qui vous dépassent et que vous n'êtes pas à même de comprendre.

Évidemment, une pauvre hôtesse de l'air, que peut-elle y comprendre ?

Quand je lui ai parlé des problèmes que je rencontre à Air France du fait de mon androgynie (« N'employez pas à tort et à travers des termes que vous ne comprenez pas », m'a lancé Lanois), il m'a répondu qu'ils ne sont dus qu'à moi, que je pourrais très bien continuer de voler dans mon état et qu'il n'allait tout de même pas me prescrire des œstrogènes au seul motif que ma compagnie s'engage à me réemployer en tant qu'hôtesse de l'air et non plus en qualité de steward... Que veux-tu répondre à cela ?

Pire encore, ma belle Gwenaëlle, il paraît que je suis « trop familière » avec mon psy, le Dr Masselier :

– Il n'est pas votre copain, et vous n'êtes pas sa copine...

Allons bon !

Dans ces conditions, tu l'auras compris, je suis ressortie de chez lui encore plus désorientée qu'auparavant, et avec pour tout bagage ce petit mot de réconfort : « Faites-moi confiance. » Facile à dire !

Le mardi suivant, énième entretien avec Masselier qui souhaitait avoir ma version des faits, puisque entretemps le Pr Lanois l'avait contacté. Me voici donc à Sainte-Anne : pour une fois mon psy est à l'heure, sourire aux lèvres. Si je comprends bien de quoi il retourne, Lanois attend qu'il émette un avis avant de prendre lui-même une décision : heureusement pour moi, cet avis étant favorable, je devrais recevoir ma prescription d'œstrogènes sous peu ; lorsque ce sera fait il me faudra recontacter l'endocrinologue pour choisir avec lui entre patch, comprimés ou gel, le bon mode d'administration.

Depuis lors, tu t'en doutes, je guette le courrier du matin comme jamais je ne l'avais fait précédemment.

Pour tromper l'attente, entre-temps j'ai pris contact avec ce chirurgien de Brighton, le Dr Bennett, que m'ont chaudement recommandé les filles du PASTT. Nous sommes convenus d'un rendez-vous pour la mi-juin. Car plus j'y pense, plus je me dis que je ne me ferai pas opérer à Paris. Certes, à Londres comme ici, il me faudra supporter un délai d'attente de neuf mois avant une possible vaginoplastie. Mais au moins serai-je sûre et satisfaite du résultat. Il m'en coûtera quatre-vingt-dix mille francs (que je devrai avancer), contre cent cinq mille en France, m'a-t-on dit. La Sécurité sociale ne devrait donc pas voir d'inconvénient, bien au contraire, à me rembourser ne serait-ce qu'une partie de l'intervention.

Alors la vie sera belle, tout comme ton amie,

Andréa

Lundi 12 juin 2000

Ce matin, toujours pas de nouvelles de ma prescription d'œstrogènes, ni du Dr Masselier. Je le rappellerai demain.

En attendant, dans trois jours je partirai pour

Brighton et rien ni personne ne pourra m'en empêcher. Ma carte bleue est à nouveau bloquée ? J'ai reçu deux courriers de la banque que je n'ai pas ouverts ? La belle affaire ! Dans quarante-huit heures la prime de juin tombera, ce qui comblera un peu mon découvert ; enfin mon assurance « vol » ayant consenti à reprendre ses paiements, les quatre mois d'arriérés que je dois toucher me permettront de financer les quelques jours de vacances que j'ai décidé de m'offrir en Turquie, à la fin du mois, avec Marc (celui-ci a d'ores et déjà réservé nos billets). Si je sais rester raisonnable et ne pas tout claquer en fringues, crèmes de beauté miracles et autres conneries dont moi seule ai le secret, tout devrait bien se passer...

En fin de matinée, coup de fil impromptu d'un ex-ami prénommé Bernard. Nous sommes allés déjeuner au Petit Bonheur, puis il m'a raccompagnée au pied de mon immeuble. Dieu qu'il est beau gosse, élégant et charmeur ! Difficile de ne pas céder à la tentation de me jeter dans ses bras...

Pour le reste pas grand-chose à signaler, sinon que j'ai failli pleurer de bonheur en réussissant à réparer le transfo de mon épilateur. Après plusieurs jours « sans », je vais enfin pouvoir m'épiler les bras et le torse qui commençaient à se couvrir de poils...

Du coup, en vue de mon voyage à Brighton, j'ai trouvé le courage de ranger ma maison et de préparer quelques effets personnels, au moins ceux dont je ne pourrais me séparer en aucune circonstance : un plaid pour mettre sur mon lit, mon nounours, un carré Hermès pour le côté luxueux et mon peignoir blanc, si chic. Ces objets sont de vrais fétiches pour moi. Leur seule présence me rassure. Ils sont comme un trait d'union entre « l'avant » et « l'après » qui se dessine.

Un « après » dont je sais qu'il ne pourra pas être pire que le présent !

Mardi 13 juin 2000

Ma boîte aux lettres étant encore vide, ce matin, je téléphone à la secrétaire du Dr Masselier dès mon arrivée au boulot... Elle n'est au courant de rien, et mon psy étant en consultation elle me conseille de rappeler un peu plus tard.

Je réussis enfin à le joindre aux environs de midi. Il ne comprend pas lui-même la raison pour laquelle le Pr Lanois tergiverse... « Vu le flou qui persiste », pour reprendre ses propres termes, il va prendre le taureau par les cornes lors de la prochaine réunion de la Commission, qui doit se tenir le 16 juin prochain. Si je l'en crois, il n'a « aucun état d'âme là-dessus ». Combien j'aimerais partager son inébranlable optimisme !

Comme les 16 et 17 juin je me trouverai à Brighton, chez le Dr Bennett, Masselier me conseille de le rappeler la semaine suivante, mais pas avant le jeudi 22 juin. Pile le jour prévu pour mon départ en Turquie... Selon la réponse qu'il me donnera, ça promet pour la suite de mes vacances !

Mercredi 14 juin

Hier soir, en rentrant chez moi, j'ai rédigé et envoyé deux fax. Le premier à l'intention du Dr Bennett, et le second à son collègue psy, le Dr Heme. Deux fax afin de reporter ma venue à Brighton.

Pour quelle raison ? C'est simple : je n'ai toujours pas reçu de certificat ou de document attestant l'accord de la Commission. Or, ce document, le Dr Bennett l'a exigé, et sans lui je ne peux espérer aucune prise en charge de mon opération par la Sécurité sociale.

Dans ces conditions, autant faire l'économie d'un voyage en Angleterre. À quoi bon me mettre dans une nouvelle galère financière alors que rien ne presse ?

Vivement la Turquie. Changer d'air me fera le plus grand bien. J'ai tellement besoin de farniente, de soleil et d'horizons lointains...

Lundi 3 juillet 2000

Ma chère Gwenaëlle,

Il y a quelque temps déjà que je ne t'ai pas donné de mes nouvelles, et pour cause : j'ai passé une période très très difficile ! D'un côté parce que Lanois, Masselier et consorts semblent tout faire pour me pousser à bout, de l'autre parce qu'à Air France cela n'allait pas très bien...

Comme j'en avais exprimé le désir, sans perdre ma licence, j'ai été provisoirement reclassée en sol. Ainsi, depuis le mois de février, j'évolue dans les hautes sphères, auprès de l'encadrement. Sans être vraiment transcendant, mon travail est suffisamment intéressant pour que je ne voie pas les journées passer.

Seulement voilà. Si je me trouve à l'écart de ces passagers et de ces équipages dont j'avais de plus en plus de mal à supporter les sarcasmes (ou les avances !), je n'ai pas complètement échappé à la sourde hostilité de certains collègues de travail. Dans mon nouveau service, au moins trois personnes ne souhaitaient pas ma venue. Elles me l'ont fait clairement comprendre et savoir en ces termes : « Tu n'es pas le bienvenu ici. Nous ne t'acceptons pas, nous te tolérons tout juste. » Sic.

En fait de tolérance, j'ai eu droit à mon lot de tracas, de petits mots vaches, de sournoiseries et de disputes en tout genre. Mais je n'ai pas craqué. J'en ai parlé à ma hiérarchie, sans pour autant obtenir la moindre réaction.

Du coup, peu avant mon départ en Turquie, j'ai

contacté l'assistante sociale de la compagnie. Une femme formidable, car non seulement elle m'a en partie sortie d'une situation financière plutôt critique (mon salaire ayant baissé des deux tiers), mais elle m'a proposé de venir travailler avec elle, au sein de son secrétariat. Là, protégée de toutes les avanies – du moins je l'espère –, au retour de mes vacances je commencerai de seconder une dame absolument charmante et douce. Ça fait du bien !

C'est donc un peu rassérénée que j'ai quitté Paris pour la Turquie, comme prévu, en compagnie de Marc. Je ne t'assommerai pas avec les détails de cette croisière de cinq jours effectuée entre « l'île de Kos et les criques paradisiaques ». D'abord parce qu'il n'y a rien à voir à Kos. Quant aux criques paradisiaques, le fait de devoir m'y afficher en maillot de bain sans pouvoir cacher une certaine proéminence m'en rendait la fréquentation particulièrement désagréable... Bref, je me suis ennuyée à mourir.

Christophe, mon ami psy aux airs de bûcheron, m'a énormément manqué. Et le mot « énormément » me paraît faible. Je n'ai fait que penser à lui. J'aurais aimé qu'il soit là, près de moi, perdu en pleine mer, mais il ne m'a même pas été possible de le joindre avec le portable de Marc, puisque ça ne captait pas. Alors je lui ai écrit pour lui dire que je voudrais que nous partagions la même maison et la même boîte aux lettres. Va savoir pourquoi je lui ai parlé de « boîte aux lettres » ?

Peut-être parce que je ne cesse de guetter ce que le facteur y dépose, dans l'espoir que Pr Lanois tienne la promesse du Dr Masselier ?

D'après ce dernier, en effet, tout va bien. Le 16 juin, la Commission se serait définitivement prononcée en ma faveur. Son accord écrit devrait me parvenir dans les tout prochains jours. En m'annonçant cette bonne nouvelle, le Dr Masselier s'est même fendu de petits traits d'humour auxquels il ne m'avait pas habituée jusqu'ici.

Alors, le meilleur reste à venir, non ? Déjà mon avocat s'occupe de mon futur changement d'identité et, à Brighton, le Pr Bennett se dit prêt à me recevoir à la rentrée, en septembre ou au début d'octobre. Je n'ai plus qu'à planifier tout cela et, comme je me l'étais promis, je pourrai bientôt porter ma sublime robe Versace !

Bien à toi,

Andréa

Mercredi 5 juillet 2000

Miracle : je viens de me voir signifier par écrit l'accord de la Commission ! Je peux enfin commencer mon traitement féminisant !

J'aurais préféré opter pour le patch, mais le Pr Lanois m'a prescrit des pilules d'œstrogènes à avaler deux fois par jour, outre l'Androcur. C'est parti pour neuf mois, et c'est tout ce qui compte à mes yeux.

Neuf mois d'attente – le temps d'une grossesse – avant que Bruno donne naissance à Andréa.

Vendredi 21 juillet 2000

Voici deux semaines que j'ai entamé ma prise d'œstrogènes. Ma poitrine semble se développer un peu plus chaque jour. Des nausées s'en sont suivies et mon sein droit a été douloureux pendant quelque temps, mais maintenant tout semble être rentré dans l'ordre. Je suis tellement euphorique que je vais, de mon propre chef, diminuer de moitié mes doses de Prozac.

Oui, je nage en plein bonheur ou presque. Ces mois de doutes, de peines et d'affres de toute sorte que je viens de traverser n'auront pas été vains.

Cet après-midi, en compagnie de Terry, ce copain, ce confident, que dis-je, cet ami homo qui fait le même métier que moi, je suis allée rendre visite à mon amie Marina qui hier a mis au monde son petit Hugo, un superbe bout de chou de trois kilos et demi. Rien de plus craquant qu'un nouveau-né, mais inutile de rêver. Si je me sens femme, malgré les prouesses de la médecine et de la chirurgie modernes je sais bien que, physiologiquement, je ne pourrai jamais avoir d'enfant. À moins d'en adopter un, bien sûr. Car mon changement de sexe et la modification de mon état civil m'y ouvriront droit.

La jeune maman a fait les civilités d'usage, me présentant sous le prénom d'Andréa à ses parents et à l'une de ses tantes, lesquels ont dû s'imaginer que Terry est mon fiancé. Évidemment, je n'ai rien fait pour les détromper. La tête qu'ils ont dû faire lorsque Marina les a affranchis, peu après que nous avons pris congé... Car je ne doute pas qu'elle l'ait fait. Eh bien non, Terry et moi ne formons pas un couple, qu'il soit gay ou hétéro !

Tout en savourant la lente transformation de mon corps sous l'action conjuguée de l'Androcur et des œstrogènes, je ne cesse plus un instant de me projeter dans l'avenir. Dès l'automne venu, j'irai consulter un spécialiste afin de prendre une décision au sujet d'éventuelles prothèses mammaires, si mes seins ne se sont pas suffisamment développés.

Je sais néanmoins qu'il va falloir réfréner mes désirs de « perfection ». Chez les transsexuelles en effet, l'obsession de devenir une vraie femme est telle qu'on devient vite accro aux retouches en tout genre. Et à force de vouloir être « la plus belle du bal », on finit par devenir une espèce de mannequin de cire.

Quant à ma vaginoplastie, j'ai préparé ce matin un fax destiné au Dr Bennett et au Dr Heme, à Brighton, afin de solliciter un rendez-vous pour les 2 et 3 octobre prochains, dates auxquelles je serai en vacances, de même que Terry, qui a accepté de m'accompagner là-bas.

En octobre, la saison estivale passée, Brighton sera déserte et je pourrai profiter en toute quiétude de mes projets d'avenir.

Mercredi 26 juillet 2000

Hey Boys from Roma !

J'ai bien reçu votre carte de Lampedusa. Depuis celle que je vous ai envoyée de Turquie le temps a bien vite passé, presque aussi rapidement que mon bronzage...

Mais plus la fin du mois de juillet approche, plus je me la coule douce au bureau. Provisoirement, je travaille au service de l'assistante sociale. Tant que ma transformation n'est pas achevée, cela m'évite des contacts trop rapprochés et possiblement conflictuels avec certains des passagers et de mes collègues. Résultat, voilà une semaine que je n'ai strictement plus rien à faire : je consacre mes journées à mettre de l'ordre dans mes affaires et dans ma paperasse, à écrire des courriers à mes ami(e)s et à préparer des fax que j'enverrai à l'autre bout de la Terre.

Car je ne vois presque plus personne, et le téléphone ne sonne pratiquement jamais : c'est dire si je me sens seule.

Si ça continue comme ça, je ne vais pas tarder à me lancer dans la rédaction de mon futur roman : La Femme transgénique... *Non, ce n'est pas une blague, je suis plus que sérieuse. Mon psy estime que le titre est un peu exagéré, emphatique, mais moi je le trouve très drôle.*

Heureusement que, côté cœur, je peux toujours compter sur mes deux boy friends, Christophe – que vous connaissez – et Philippe (qui continue de me rendre des petites visites inopinées) pour tromper ma solitude. Je ne suis pas amoureuse pour autant ; Philippe est beau gosse, gentil, adorable ; a priori il aime tout ce que j'aime, mais ce n'est pas aussi tendre, aussi chaleureux et complice qu'avec Christophe. En tout bien tout honneur, néanmoins, car entre eux et moi la sensualité est plus cérébrale que physique.

C'est d'autant plus vrai que, depuis le début du mois, j'ai entrepris un nouveau traitement hormonal qui, à grands coups d'œstrogènes, est en train de transmuer le plomb masculin en or féminin. L'ultime ligne droite avant de passer sur la table d'opération, dans environ neuf mois. Et déjà les premiers effets se font sentir, au point que je suis obligée de prendre des antalgiques pour combattre la douleur que provoque la naissance de mes seins... « Vous les avez voulus, eh bien maintenant assumez-les », m'a dit l'endocrinologue. Il affirme que c'est normal, que je dois savoir me montrer patiente et que cette crise « d'adolescence » passera.

Sinon pas de voyages en perspective d'ici la fin du mois de septembre, à Brighton, où j'irai faire connaissance avec mon futur chirurgien. Mon ami Terry m'accompagnera ; grâce à lui, je me sentirai moins seule, et surtout un peu moins fébrile.

D'ici là, très exactement le 9 août, je devrai passer une nouvelle visite médicale annuelle dont dépendra le maintien ou la perte de ma licence. Flying, or not flying ? Je dois reconnaître qu'après le crash du Concorde qui s'est produit hier, je ressens pour la toute première fois une certaine appréhension à l'idée de reprendre les vols ; j'aurais tant aimé, un jour, pouvoir embarquer sur ce somptueux oiseau blanc ! Il faut peut-être que j'en parle avec le médecin d'Air France, mon psy et l'assistante sociale, dont l'aide m'est tellement précieuse. Marc, lui, a l'air de penser qu'il vaudrait mieux que je perde mon statut de personnel navigant commercial « pour raison psychologique » que « pour raison de transsexualité ».

Je veux bien, sauf que je ne me vois pas passer ma vie au sol, dans un bureau. Ce que j'aime justement, dans mon métier, c'est voler, être aux petits soins pour les passagers, donner le meilleur de moi-même pour faire en sorte que leur confort et leur plaisir soit à la hauteur du prestige de notre compagnie et de l'art de vivre qu'elle représente de par le monde. Le transport aérien, même et peut-être surtout parce qu'il se démocratise, doit rester un moment privilégié pour tous ceux qui l'utilisent, qu'ils voyagent en classe éco ou qu'ils aient les moyens de s'offrir le nec plus ultra.

Cela dit, même si je ne vois plus âme qui vive, je n'ignore pas que mon secret n'en est plus un pour personne. Radio-Couloirs, paraît-il, fait ses choux gras de mon futur changement d'identité. I don't care. *Au contraire, ça m'excite quelque peu et ça me fait rire d'imaginer la tête de certains détracteurs et de leurs confidents... Mais de là à m'exposer à de nouvelles railleries – tant que je n'aurai pas revêtu le bel uniforme « frégate » bleu marine –, je ne vais pas tenter le diable !*

À part ça, quoi de neuf dans la Ville éternelle ? Que fait Riccardo ? Et toi, Norby ? Je me paierais bien un petit week-end à Rome avant la fin de l'été pour venir vous rendre une visite. À défaut, j'espère que votre fax fonctionne et que cette lettre vous trouvera tous les deux en pleine forme.

Une chose encore. Je me permets de vous dire que, désormais, mon prénom est vraiment Andréa. Alors soyez gentils de m'adresser vos courriers à cette nouvelle identité, ça me fera grand plaisir !

À très très bientôt, my italian boys. Je suis joignable jusqu'au 12 août ; après je serai à Biarritz jusqu'au 22.

Mille et une grosses bises à tous deux !

Andréa

Vendredi 28 juillet 2000

J'ai rêvé de partir, aux alentours du 15 août, pour Los Angeles. Mais les vols étant archi-complets j'ai repoussé cet éventuel séjour au mois de septembre, après avoir rencontré mon chirurgien à Londres.

Tant mieux, il fera moins chaud. Encore que ici, à Paris, il fait gris, pluvieux et froid (14 °C au maximum aujourd'hui). Le moral s'en ressent un peu. Christophe est en Bretagne chez sa mère, mais j'ai découvert les joies de la vidéothèque d'Air France.

Samedi 29 juillet 2000

Marc mon câlinou,

Je me suis rendormie ce matin après ton départ... Ce qui fait que je suis arrivée au bureau à 11 heures pour prendre ma pause déjeuner à 11 h 30. Ah, le rythme infernal des cadences de travail à Air France, durant les mois d'été !

Bon, voilà, mais il ne s'agit pas de moi. Je voulais te dire que j'ai été bouleversée de te voir hier dans un tel état de tristesse et de détresse. Je t'ai rarement vu pleurer et cela m'a beaucoup perturbée de te sentir si démuni, si malheureux, sans savoir quoi faire pour toi.

J'espère que la nuit aura été réparatrice, « rédemptrice », de bon conseil, et que, le temps aidant, tu retrouveras le sourire. Je pense aussi que ces six jours « off » te seront bénéfiques, et au fond de mon cœur je suis sûre que tu rencontreras l'âme sœur pour vivre une nouvelle et belle histoire d'amour.

Tu le mérites, je le sais !

Cela peut te paraître étrange, convenu ou malvenu, mais plus je te connais plus je sais combien tu es important pour moi ; cependant, je n'ignore pas que plus j'avance dans ma transformation et plus j'ai la sensation que nous nous éloignons l'un de l'autre. D'ailleurs, tu as probablement remarqué le mutisme dans lequel je me suis enfermée depuis quelques semaines.

Il en va de même avec tout le monde, si cela peut te rassurer. Le voyage que j'ai entrepris est personnel, inté-

rieur, intime, et ne peut se partager avec personne. Sauf peut-être avec toi, bien sûr, mais chaque fois que j'ai tenté d'aborder le sujet tu as affecté de t'en désintéresser. Par pudeur ? C'est fort possible, et parfaitement compréhensible. Car ce que je ressens, je ne doute pas que tu le ressentes aussi, à ta façon. Toi dans ton homosexualité, moi dans mon hétérosexualité.

Et ne sois pas jaloux, ne serait-ce que par dépit ! Par rapport à Christophe, par exemple. Car même si nous entretenons des relations apparemment plus profondes, je sais que lorsqu'il apprendra que j'ai décidé d'aller jusqu'au bout de ma transformation, notre histoire touchera inéluctablement à sa fin.

Avec Philippe ? Oui, certes, je m'épanouis à son contact. Et alors ? Philippe est ce qu'il est. Un chic type et un vrai hétéro, tout comme moi. Il réagit comme un homme doit réagir en présence d'une femme – c'est ce que je tends à devenir, j'en ai besoin. Mais avec lui ça reste plus cérébral que physique. Dans mon état actuel, j'ai la sensation de ne pas pouvoir offrir à l'autre ce qu'il souhaite trouver en moi. C'est difficile à supporter. Et très probablement, il me faudra attendre encore plusieurs mois avant qu'il puisse en aller autrement.

Qu'adviendra-t-il de nous « après » ? J'aimerais plus que tout au monde que tu sois à jamais présent dans ma vie et vice versa. J'ai avoué un jour à ta mère que mon plus cher désir serait d'adopter un enfant avec toi. Mais je te connais trop bien pour savoir que nous n'irons pas jusque-là.

Comme tu le sais, j'espère de tout cœur être opérée dans

les mois qui viennent. Cependant, quoi qu'il arrive, sache que tu es l'être qui compte le plus dans ma vie, et qui aura le plus compté. Je n'ai pas su te donner ce que tu attendais de moi, de même que tu n'as pas su me donner ce que je cherchais en toi. Mais vu les circonstances, nous ne devons en aucun cas considérer les années que nous avons passées ensemble comme un échec. En tout cas, sache que j'ai été plus qu'heureuse avec toi.

Alors tant pis, puisses-tu rencontrer quelqu'un qui te sorte de ta solitude, l'âme sœur avec laquelle tu réussiras là où nous avons échoué – par ma faute, je le reconnais.

Marc, mon câlinou, je t'aimerai pour toujours. Ne me quitte pas et accompagne-moi jusqu'au bout, s'il te plaît.

Je serai ce week-end à la maison, et j'y attendrai de tes nouvelles.

Andréa

Paray, siège d'Air France, samedi 12 août 2000

En vue d'accomplir ma transformation en toute tranquillité, j'ai obtenu un congé de formation aux techniques du maquillage à partir du 2 octobre prochain, et ce pour une période de six mois. Déclaré temporairement inapte au vol depuis la visite médicale d'avant-hier, Bruno peut ainsi disparaître de la circulation et préparer le retour d'Andréa. Et, devenue maquilleuse professionnelle, je peux même envisager un nouvel emploi au sein de la compagnie, au cas où ma licence ne serait pas renouvelée.

En attendant, si je me croyais provisoirement à l'abri auprès de « mon assistante sociale préférée », il n'en est rien. Hier, elle m'a appelée dans son bureau pour me dire : « Nous sommes dans le caca. » Sa secrétaire, Mme F., ne supporte plus ma présence à ses côtés. En effet, elle a appris ma transsexualité et ne peut l'accepter...

Comment et de quel droit cette collègue de travail peut-elle se permettre de me juger, et pis encore tenter de me mettre à l'écart ?

Aussitôt rentrée chez moi, j'ai rédigé à son intention la lettre que voici :

« Madame,

« Notre chef de service m'a fait part de la gêne que vous éprouvez à me fréquenter et à partager votre bureau avec moi. En effet, il semblerait que ma seule présence vous mette mal à l'aise... Aussi permettez-moi de vous dire ma déception et de vous donner mon point de vue : je pense que, bien au-delà de tous les prétextes que vous pourrez trouver, votre réaction et votre attitude sont la marque de la plus parfaite intolérance.

« Alors je me pose la question suivante : comment pouvez-vous, tout en œuvrant au sein d'un service social, faire preuve de pareils préjugés à mon égard ? Ces préjugés vous disqualifient car il me semble que, au contraire, le fait de travailler dans le “social” exige beaucoup d’ouverture d’esprit, de compréhension et d’humanité.

« Ma vie ne vous regarde en rien, et ce que j’en fais encore moins. J’ai foi en mon devenir, mais, de votre côté, il conviendrait que vous vous interrogiez sur le vôtre. »

Cette lettre, je n’ai pas eu l’occasion de la remettre à sa destinataire. En effet, mon assistante sociale préférée m’avait devancée en prenant une décision radicale : la secrétaire a été renvoyée sur-le-champ dans son service d’origine, puisqu’elle n’effectuait ici qu’une vacation de six mois, le temps de se remettre d’un douloureux divorce...

Pauvre Mme F., je n’arrive pas à la plaindre ni même à avoir la moindre compassion pour elle !

Paris, jeudi 7 septembre 2000

Mon ami Bernard m’a adressé ce texte sublime tiré d’une chanson de Jacques Brel :

Rêver d’un impossible rêve
Porter le chagrin des départs
Brûler d’une impossible fièvre
Partir où personne ne part
Aimer jusqu’à la déchirure
Aimer, même trop, même mal,
Tenter, sans force et sans armure,
D’atteindre l’inaccessible étoile...

Est-ce que je demande l'inaccessible, voire l'impossible ?

Paray, mercredi 13 septembre 2000

Demain, départ pour l'Angleterre par le train Eurostar de 8 h 23... Beaucoup plus que par mon entrevue avec le Dr Bennett, je suis préoccupée par l'horaire de mes correspondances entre Ashford et Hastings : le moindre retard serait fatal à mon premier rendez-vous. Pour le reste rien à signaler. Tout me semble prêt, dans les moindres détails, depuis mes tenues vestimentaires jusqu'aux deux dossiers préparés à l'attention du Dr Bennett et du Dr Heme. Mon hôtel est réservé et, Brighton étant une charmante ville balnéaire, je vais trouver sans difficulté de quoi m'occuper durant mon séjour.

Ce matin, je suis passée en coup de vent au PASTT puis j'ai déjeuné avec Gwenaëlle. Elle me conseille une tenue simple et un maquillage léger. Ne serait-ce que pour me sentir à l'aise, ce qui, en effet, me paraît plus important que tout. Du coup j'ai opté pour un body noir, un pantalon cigarette, une touche de rouge à lèvres et un carré Hermès noué comme une ceinture autour de la taille, juste pour donner une touche de couleur et ne pas trop ressembler à Zouc.

Finalement, Terry ne m'accompagnera pas... J'aurais aimé qu'il le fît, ne fût-ce que pour avoir quelqu'un à qui parler à l'issue de chacun de mes deux entretiens. Pour évacuer le « trop-plein » de stress éventuel, je n'aurai que le téléphone. Eh bien tant pis, je me dis que ce n'est peut-être pas plus mal : après tout il s'agit là d'une quête personnelle, et les interférences n'ont pas lieu d'être.

Pour la suite, le programme est tout tracé. Dans deux semaines débutera mon congé formation de « maquilleur professionnel » (j'avais pris rendez-vous avec la directrice de l'école de make-up afin de lui faire part de mes projets, puis j'ai manqué de courage et remis notre rencontre à plus tard), après quoi viendront l'hiver – ma saison préférée –, Noël que je déteste et enfin le printemps, au cours duquel devrait se dérouler cette opération que j'attends comme une résurrection !

Une fois de plus, mon impatience d'aboutir s'est muée en fièvre acheteuse. Il me restait mille quatre-vingt-dix francs pour finir mon mois, mais cela ne m'a pas empêchée de dépenser deux mille francs à la braderie et mille cinq cents francs (payables en trois fois) pour une courte veste en cuir noir. Au retour de Brighton, je vais devoir casser mon assurance-vie et résilier mes derniers placements financiers pour remettre les compteurs à zéro. À partir du mois d'octobre, heureusement pour moi, je me verrai de nouveau verser mon salaire de personnel navigant. Je serai donc à l'abri du besoin pendant les six mois suivants. Ceci grâce à mon congé-formation. Après... on verra !

Deux solutions s'offriront alors à moi : soit je perdrai ma licence, et alors s'ensuivra un reclassement définitif au sol ; soit je garderai ma licence, mais en attendant mon opération je devrai rester à la maison en « arrêt maladie ». Auquel cas, je devrai me tourner vers la Sécurité sociale et monter un dossier de prise en charge auprès d'un autre organisme pour recevoir des indemnités journalières. Je n'ai donc pas le droit de tomber malade entre-temps, sinon je vais me retrouver dans un sacré pétrin !

Allons, croisons les doigts et souhaitons-nous bon voyage. En train ce sera bien moins glamour qu'un vol transatlantique entre Paris et la Californie, mais je sais que de Brighton je reviendrai fixée, avec une date opératoire sur mon calepin, et c'est tout ce qui m'importe pour l'instant.

Paris, lundi 18 septembre 2000

Je suis donc partie le jeudi 14 au matin par l'Eurostar de 8 h 13 à la gare du Nord... Au moment de passer la douane, le gabelou m'a dévisagée puis demandé : « C'est vous, ça ? » J'ai su garder mon sang-froid et, avec le sourire, lui confirmer la chose. Heureusement pour moi, il n'a pas insisté.

Le voyage m'a paru particulièrement long et pénible en raison des deux correspondances que je devais emprunter, l'une à Ashford – au sortir du tunnel sous la Manche – et l'autre à Hastings, avant d'atteindre Brighton en fin de matinée. Là un taxi m'a conduite à l'hôtel, j'en suis sortie pour me rafraîchir et manger un petit quelque chose en ville (soixante-cinq francs pour un club sandwich, ils ne s'embêtent pas !), puis je suis rentrée pour me changer et me refaire une beauté avant d'embarquer dans un nouveau taxi, direction le Sussex Nuffield Hospital de Woodingdeam, où j'ai rendez-vous avec le bon Dr Bennett.

Cette clinique perdue dans les landes, avec l'océan au loin, m'a fait une forte et bonne impression. L'endroit ressemble plus à un hôtel cinq étoiles, cosy, feutré, avec des fauteuils confortables et des couleurs douces et reposantes, qu'à une clinique.

À 14 heures pile, comme prévu, je me retrouve face au Dr Bennett. C'est un monsieur d'un certain âge, aussi calme que courtois. J'ai aussitôt envie de lui faire pleine et entière confiance. Après qu'il m'a proposé l'assistance d'une interprète dont je n'ai nul besoin, mon anglais étant absolument parfait, il m'invite à lui expliquer ma démarche, les démêlés que j'ai eus à Paris, le traitement qui m'a finalement été prescrit et les raisons pour lesquelles j'ai souhaité faire appel à lui. Je lui parle au passage de Léa, qu'il a opérée il y a quelques mois et qui m'a dirigée vers lui. Il m'écoute, prend des notes et ne m'interrompt que pour me poser quelques questions sur mes antécédents médicaux.

Puis vient le moment de m'examiner. Le Dr Bennett me demande un certain nombre d'analyses et enfile ses gants pour entreprendre son examen, sans se croire obligé de préciser, comme l'avait fait le Pr Lanois à Paris, d'une manière ignominieuse :

– Au cas où vous auriez un petit sida !

Il m'examine donc et quelques minutes lui suffisent pour poser son diagnostic : on fera avec ce que l'on a. Je n'ai pas beaucoup de peau au niveau des bourses, mais mon pénis a une taille normale. Il construira donc un pseudo-vagin en conséquence, avec la matrice de départ.

Pour le reste pas de douleurs post-opératoires à craindre, tout au plus aurai-je droit à un cachet d'aspirine au lendemain de la vaginoplastie, pour combattre un éventuel mal de tête. Pas de transfusion non plus, le Dr Bennett ne se souvient même pas de la dernière qu'il a dû faire.

En tout état de cause, il prévoit de m'opérer au mois d'avril 2001. L'intervention aura lieu dans cette clinique. Sa secrétaire s'occupera de fixer la date exacte et me fera parvenir tous les certificats dont j'aurai éventuellement besoin. Et en français si nécessaire.

Décidément, on ne peut se montrer plus accommodant !

Sortie complètement rassurée de chez lui, j'ai passé l'après-midi au bord de la mer ; il faisait beau et Brighton est une ville plutôt sympathique. Seule ombre au tableau : il ne faut surtout pas y aller pour faire des repas gastronomiques ; l'avocat trempé dans du fromage fondu m'est quelque peu resté en travers de la gorge !

*
**

Le lendemain, à 9 heures, rendez-vous chez le Dr Heme, psychiatre de son état. Le décor est tout autre. Il pleut des cordes, il fait gris et froid, et je n'ai rien prévu en conséquence.

Par précaution, je me présente avec quelques minutes d'avance ; le Dr Heme est déjà là et me remercie d'être arrivée un peu plus tôt que prévu (ah, si les médecins français pouvaient prendre exemple sur leurs confrères d'outre-Manche !).

Pas moins aimable que Bennett, Heme est un monsieur d'un certain âge, d'un raffinement vestimentaire absolument parfait, avec cet *english touch* reconnaissable entre mille ! Nous parlons de mon enfance, de mes difficultés à trouver une place dans la société, de la manière dont je suis traitée à Paris. Il semble sincèrement navré pour moi.

Après une heure d'entretien, il me donne son accord verbal et m'informe qu'un rapport sera adressé au Dr Bennett dès que possible. « Passez voir ma secrétaire avant de partir et dites-lui que vous n'avez plus besoin de venir me voir. »

Cela vaut mieux pour mes finances, car cette seule consultation va me coûter cent trente-cinq livres, c'est-à-dire plus de mille deux cents francs !

De retour à l'hôtel, je fonds en larmes. Des larmes de soulagement et de bonheur, pour évacuer le stress accumulé ces derniers jours. Maintenant il me tarde de regagner Paris. Mais quel extraordinaire sentiment d'apaisement ! Les six mois qui me séparent de ma nouvelle vie s'annoncent sous les meilleurs auspices : je sais que je vais pouvoir les affronter en toute sérénité, avec la certitude d'aboutir.

*
**

Dans ces conditions, le voyage de retour m'a paru autrement plus rapide que l'aller. Il y avait un peu de soleil sur Paris. J'ai organisé une petite dînette le soir avec quelques amis, histoire de partager ma joie, puis je suis allée passer la nuit chez Christophe, car je ne me sentais pas le cœur de rester seule chez moi. Et je n'ai pas eu besoin de cachet pour trouver le sommeil et dormir à poings fermés au creux de ses bras...

Samedi 2 décembre 2000

Home, sweet home. Première soirée passée à la maison depuis septembre, date à laquelle j'ai emménagé chez Christophe. Je préfère ne rien en dire, ne rien en écrire, mais il y a du nouveau dans ma vie... Côté cœur, bien sûr !

Hier, 1er décembre, Journée mondiale contre le sida. À cette occasion, j'ai organisé ma première animation « maquillage » au bénéfice de mes sœurs du PASTT, en compagnie de Jennifer et Christian, deux élèves de l'école qui nous forme à l'art du *make-up*. Franc succès. Après une heure de flottement, les locaux de l'association n'ont plus désempli de tout l'après-midi.

Seule surprise, alors que je m'étais munie de fards, produits et poudres (le PASTT et moi avons partagé les frais) pour effectuer des maquillages de jour, je me suis vu demander des maquillages pour le soir. En effet, beaucoup des filles qui se sont présentées travaillent au Bois, et grâce à moi elles espéraient attirer plus de clients que jamais. Quand ma collègue Jennifer a pris conscience du problème, je l'ai vue écraser une petite larme au coin de l'œil...

Ont tour à tour défilé devant moi Adriana, Cybille, Editha, trois filles équatoriennes absolument adorables, mais aussi des Brésiliennes et quelques Algériennes. Toutes se sont montrées extrêmement attentives aux conseils que je leur prodiguais.

Bref, tout s'est passé pour le mieux jusqu'à 17 heures, quand soudain toutes ces dames sont parties pour participer à la marche contre le sida organisée au départ de la République. Alors, tandis que nous rangions nos petites affaires en prenant soin de désinfecter nos pinceaux (risques d'hépatite et d'herpès obligent), Léa et Sonia sont venues nous remercier, et nous avons parlé de mon parcours et de mon évolution depuis ma première visite en novembre 1999.

En à peine plus d'un an, tout a changé pour moi. Léa et Sonia ont d'ailleurs pris une part précieuse à cette mutation. Grâce à elles, désormais, je ne suis plus qu'à quatre mois de mon opération ; l'inquiétude a fait place à la plénitude, je n'ai plus peur, je suis confiante dans mon destin ; je peux même consacrer une partie de mon temps – comme je l'ai fait hier – à mes sœurs d'infortune, pour rendre un peu de ce qui m'a été donné avec tant de générosité. Et cela s'est si bien passé que nous sommes convenues de renouveler l'expérience.

Chose amusante, jusqu'à ce jour Jennifer et Christian n'étaient pas « officiellement » au courant de ma transsexualité. Je leur en ai fait part quelques minutes seulement avant le début de notre prestation au PASTT. Jennifer m'a rappelé la manière dont je m'étais présentée devant l'ensemble des élèves, à l'école, sans rien dire qui eût pu laisser entrevoir quelque chose. Mais, fine mouche, très rapidement elle s'était faite à l'idée que j'avais « quelque chose de spécial », selon ses propres termes, même si elle n'aurait pu déterminer de quoi il retournait.

Christian, quant à lui, ne s'était pas posé de question à mon endroit. Que je sois une fille ou un garçon ne lui faisait ni chaud ni froid...

Dimanche 17 décembre 2000

Plus qu'une semaine avant Noël : comme je déteste cette période de l'année ! La meilleure preuve en est que je ne prends même plus la peine d'acheter un sapin, moi qui autrefois me faisais une joie de décorer ma maison de mille couleurs et petites lumières. Pour quoi faire ? Qu'est-ce que j'ai à célébrer ? Mon dernier Noël « de garçon » ? Certes, cette année, les fêtes auront un goût un peu particulier, mais je ne veux ni chichis ni flonflons. Le seul cadeau qui m'importe me sera offert au mois d'avril, dans la clinique du Dr Bennett. Je passerai Noël à Biarritz avec Marc, son frère et leur délicieuse maman.

Le premier trimestre de ma formation au maquillage professionnel, entamée en octobre dernier, s'est achevé cette semaine. Avec quelles délices j'évolue dans cet univers de fards, d'ombres à paupières, d'yeux « à l'italienne » et de halos magnifiques ! La directrice m'a avoué dernièrement que j'étais sa troisième élève transsexuelle (à la différence près que la précédente a fait plusieurs tentatives de suicide en cours d'année) : c'est peu dire que, dans cette école, je ne fais l'objet d'aucun ostracisme. Si certains élèves pensent que je suis une femme tandis que d'autres me prennent pour un garçon, tout le monde m'a acceptée telle que je suis. Mieux que cela, même, nombreux sont celles et ceux qui m'accompagnent volontiers pour donner des cours d'initiation au PASTT ; à chaque fois, ils me disent en ressortir plus forts d'une expérience un peu particulière, certes, mais sacrément enrichissante sur le plan humain. Quant à moi, j'ai la sensation de faire quelque chose de bien, de me rendre utile, de dispenser un peu de chaleur et de bonheur autour de moi.

À l'issue de l'une de nos séances, le Dr Cabral, présidente de l'association, m'a prise à part pour discuter de mon avenir. Elle respecte ma décision mais ne m'a pas caché que, en règle générale, elle était plutôt contre la vaginoplastie. Elle pense que l'on peut tout à fait s'assumer et mener une vie normale, affectivement et sexuellement, sans avoir été opérée... C'est son point de vue, elle ne cherche d'ailleurs pas à l'imposer, mais moi je vois les choses d'un autre œil. Comment pourrais-je m'offrir à un homme en n'étant que la moitié d'une femme, un être hybride dont le sexe ne s'accorderait pas à la vraie nature ? Comment pourrais-je continuer de vivre ce que je ne connais que trop bien depuis mon enfance, l'incompréhension des uns et l'hostilité des autres ? Non, quoi qu'elle en dise, je sais que j'ai fait le bon choix. Un choix sans possibilité de retour en arrière, cela va sans dire, et qui me délivrera complètement, définitivement.

Lundi 18 décembre 2000

Aujourd'hui, le directeur des ressources humaines d'Air France a demandé à me voir. Il s'agissait de faire le point sur ma formation, et d'étudier les éventuelles possibilités de reclassement qu'elle pouvait m'ouvrir.

Malheureusement, de ce côté-là, je n'ai pas grand-chose à espérer. Le projet que je lui avais soumis et qui aurait consisté à faire de moi la responsable du maquillage lors des stages d'embauche du personnel féminin n'a pas été retenu ; le motif est avant tout budgétaire, mais pas seulement. Car même si une telle solution avait été envisageable, je n'aurais pas été *the right woman in the right place.* En effet, même si la compagnie accepte et assume ma différence, il aurait été malvenu, à l'égard des autres employés et plus particulièrement de mes détracteurs, de me promouvoir à un poste qui me mettrait « en vitrine ». Tant pis pour la petite fortune que j'ai investie en produits, pinceaux, palettes de fards et autres accessoires, je saurai en faire bon usage !

Néanmoins, au cas où la Direction générale de l'aviation civile (DGAC) ne m'autoriserait pas à reprendre les vols, mon interlocuteur m'a assuré qu'il m'aiderait à trouver un poste dans lequel je me sentirais bien et où je pourrais évoluer. Mais, selon lui, la DGAC ne peut opposer à ma reprise de vol qu'un seul motif recevable : un motif de nature purement médicale. En effet, si à l'issue de ma vaginoplastie je souffrais de complications urinaires, par exemple, je devrais quitter le personnel navigant commercial. Normal. Je me vois mal partie pour un Paris-Tokyo en étant prise d'une cystite en plein milieu du parcours !

En revanche, au cas où la DGAC me retirerait ma licence sous un vague prétexte, Air France s'engage à me soutenir et à se battre afin que je puisse de nouveau voler. Si je n'ai pas de vraie perspective de reconversion professionnelle, je dois tout de même reconnaître que l'appui de ma hiérarchie ne me fera pas défaut. Et ça, c'est une sacrée chance !

Mardi 19 décembre 2000

Je suis totalement fauchée ! Ce n'est pas nouveau, sauf que je ne dispose plus d'un sou d'avance et que pour tenir le coup j'ai été obligée d'écorner la cagnotte que j'avais destinée à mon opération...

Il est vrai que Christophe m'offre le gîte et le couvert. Il n'en reste pas moins que mon salaire me sert tout juste à payer les charges de mon appartement et les plus urgentes de mes factures. J'ai même songé – étant donné que ma formation n'a plus de raison d'être sur le plan professionnel – à avancer la date de mon opération afin de limiter les dégâts tant qu'il en est encore temps ! Mais ce n'est pas possible. D'une part je dois aller jusqu'au bout de mon traitement hormonal, de l'autre quelques semaines de sevrage seront nécessaires avant l'intervention. Alors quoi que je fasse celle-ci aura lieu le 12 avril 2001... le jour de la Saint-Jules !

Tout à l'heure, j'ai revu le Dr Masselier. Il a changé de bureau pour se rapprocher un peu plus des hautes sphères, celles où évolue le Pr Brotte. Si j'ai bien compris, il n'est d'ailleurs plus interne mais « chef de clinique ».

Si mes souvenirs sont exacts, notre dernier entretien remonte au mois de juillet dernier. Je ne me suis pas gênée pour lui montrer le travail extraordinaire qu'ont accompli les hormones sur mon corps, et plus particulièrement au niveau de ma poitrine. Je crois l'avoir bien bluffé quand j'ai soulevé mon tee-shirt, afin qu'il vérifie mes dires !

Puis, à sa demande, nous avons abordé l'épineux sujet de mon opération et des raisons pour lesquelles je souhaite la faire pratiquer à Brighton. Comme le Dr Masselier semblait assez ignorant en matière de vaginoplastie, je ne lui ai fait grâce d'aucun détail. Profondeur du vagin, possibilité d'orgasmes, techniques opératoires envisageables, tout a été passé en revue ! Il n'a pas eu l'air d'apprécier mon humour lorsque je lui ai dit avoir pris l'option « clitoris innervé » : « Vous parlez de votre intervention comme s'il s'agissait de choisir des options sur une voiture », m'a-t-il rétorqué. Je lui ai alors raconté comment, au PASTT, à quelqu'un qui voulait savoir où j'allais me faire opérer, une fille avait justement répondu : « Chez Rolls Royce. »

En réalité, Masselier a parfaitement compris la situation. Quant la question de savoir si une opération à l'étranger pourrait entraîner d'éventuelles complications au niveau de mon changement d'identité, le Dr Masselier m'a assuré que mes craintes n'ont pas de raison d'être.

N'ayant plus grand-chose à nous dire, nous ne nous reverrons que peu avant mon départ pour Brighton, à la fin de mon traitement hormonal.

– Et lorsque vous reviendrez de là-bas je vous établirai un autre certificat, a-t-il ajouté, cela facilitera vos démarches et l'obtention de nouveaux papiers auprès du tribunal de grande instance.

Paris, vendredi 29 décembre 2000

Retour de Biarritz lundi passé, sans trop de difficultés cette fois-ci. Le voyage aller a été autrement mouvementé, puisque je suis arrivée à destination avec plus de deux heures trente minutes de retard, grève des contrôleurs aériens oblige.

C'était le dernier Noël de Bruno, le prochain sera celui d'Andréa... Je n'ai pas cessé d'y penser, et l'ouverture de mes cadeaux en a été tout auréolée de nostalgie. Je suppose qu'il en va ainsi chaque fois que l'on a conscience de vivre un événement qui ne se reproduira plus.

De surcroît Marc, sa mère et son frère arrivé de New York la veille au soir avaient vu les choses en grand. La maison était magnifiquement décorée, d'un sapin blanc, bleu et mauve. A suivi un somptueux dîner en l'honneur duquel chaque convive faisait assaut d'élégance. Mamina était radieuse, Marc l'était tout autant et Carl s'était surpassé, lui qui n'aime pas trop les falbalas.

« *The perfect picture for the perfect frame* » (l'image idéale dans le cadre idéal). Pour la seule fois de ma vie peut-être, j'ai aimé Noël parce que Marc a su en faire quelque chose de beau et d'absolument inattendu pour moi. Par le passé personne n'avait su provoquer chez moi une pareille émotion à l'occasion de cette fête. Il est vrai que je n'ai guère profité de mes parents et que mes tuteurs désignés n'ont jamais été capables de les remplacer. Avec ces derniers, les soirées de réveillon, à la Noël comme au nouvel an, se résumaient à un menu identique chaque année (je me souviens encore des crevettes roses servies en entrée...), et en une longue soirée passée devant la télévision en compagnie du présentateur vedette de l'époque.

Lorsqu'en 1984 j'ai quitté leur domicile afin de voler de mes propres ailes, je me suis juré de ne plus jamais revivre de telles choses. Je n'ai guère gagné au change, car la plupart du temps, par la suite, j'ai passé des fêtes solitaires.

La magie était au rendez-vous cette année. Afin d'immortaliser l'événement, on m'avait prêté une petite caméra VHS afin que je puisse fixer, pour l'éternité, ces merveilleux instants. Je ne m'en suis pas privée. La table scintillait de mille feux, les bougies donnaient aux mets une couleur particulièrement appétissante. La musique de Sade Adu et d'Henri Salvador nous a accompagnés tout au long du repas. Marc venait de faire l'acquisition d'une chaîne Bang & Olufsen qui lui a coûté la modique somme de quarante-cinq mille francs. De quoi m'offrir une belle paire d'implants mammaires, mais quel son ! Puis l'heure est venue d'échanger nos cadeaux. Je crois n'avoir jamais été aussi gâtée. Thierry Mugler, Versace, Hermès, le Faubourg tout entier s'était déplacé pour moi !

Bruno aura donc dû attendre son « dernier Noël » pour goûter et connaître tout l'émerveillement de cette fête. Comment sera le prochain, celui d'Andréa ? Les promesses de bonheur seront-elles tenues ? Fin 2001, y aura-t-il seulement quelqu'un pour me serrer dans ses bras ? À moins, bien sûr, que quelque chose de fâcheux ne survienne lors de ma prochaine intervention... Mais je ne m'octroie pas le droit d'y penser. Le Dr Bennett m'a bien dit que rien de grave n'est jamais arrivé jusqu'ici, alors pourquoi devrais-je déroger à ce principe ?

– 2001 –

L'accomplissement

Paris, mardi 2 janvier 2001

Merveilleuse année en perspective. L'année de tous les changements, l'année de mes trente-cinq ans et celle de mon changement d'identité. Mon souhait le plus cher serait que Christophe me suive jusqu'au bout du voyage et qu'il me retrouve « après ». Nous venons de passer ensemble des jours absolument divins.

J'avais projeté un voyage à Dakar, histoire de passer le changement de millénaire au soleil et loin de Paris, mais il nous a été impossible de quitter la capitale, toutes les compagnies aériennes affichant complet.

Faisant contre mauvaise fortune bon cœur, nous nous sommes offert de longues promenades, des matinées grasses à souhait, et des montagnes de tendresse, d'amour et de complicité partagée. Une vraie cure de jouvence !

Les sempiternelles cartes de bons vœux ne se

sont pas fait attendre. Cette année, toutes sans exception sont adressées à Andréa. Il aura fallu du temps pour y parvenir, certes, mais ceux qui m'entourent ont manifestement fait leur deuil de Bruno.

Pour leur retourner mes propres vœux, j'ai choisi une carte illustrée qui représente Ru Paul – ce travesti qui est devenu l'égérie publicitaire des produits de beauté M.A.C. – dans toute sa splendeur : costume de circonstance, « attitude » et make-up à l'avenant. Pour autant, je suis certaine que quelques-uns de mes correspondants ne vont pas se gêner pour assimiler mon cas au sien. Après tout, homo, travelo, trans, pour la majeure partie de la population, c'est du pareil au même...

Mercredi 3 janvier 2001

Révoltant !

Ce matin, je suis allée retirer un objet recommandé à la poste. Le bureau étant désert, ce qui est plutôt rare, je me suis dirigée vers le premier guichet venu, derrière lequel se tenait un jeune homme au look très « Gay Marais ». Je lui présente l'avis qui a été déposé dans ma boîte à lettres. Évidemment, comme je m'y attendais, il me demande de produire une pièce d'identité. Je lui tends le passeport de la honte. Y figurent deux noms, Bruno Colliaux, ainsi que mon pseudonyme : Maxence de Fersen.

– Lequel est le bon ? me lance froidement le préposé.

– Les deux, monsieur, comme l'indique mon passeport.

Seulement voilà, je le sais bien, la photo d'identité ne correspond plus vraiment à mon apparence physique...

Je sens que le fonctionnaire commence à s'énerver. Cette réaction je la connais bien, pour l'avoir suffisamment affrontée dans de pareilles circonstances. Face au problème que je leur pose, les gens deviennent en général assez agressifs. Il semblerait que, psychologiquement parlant, cela soit tout à fait logique. Je suis sûre que M. Freud expliquerait cela très bien. Mais, pour moi, pas question de tomber dans le piège en jetant de l'huile sur le feu : je veux juste récupérer mon objet recommandé, pas discuter du sexe des anges.

Au bout de quelques instants, presque à contrecœur, le préposé finit par me donner mon paquet. S'il avait pu me le balancer à travers la figure, sans doute l'aurait-il fait...

Bien décidée à ne pas en rester là, je demande à voir le receveur. Une femme aussi courtoise que compréhensive me reçoit. Je lui explique ce qui vient de se passer. Cela fait dix ans que je retire mon courrier dans ce bureau de poste, et jusqu'ici on ne m'a jamais fait de difficulté. Pour éviter que ce genre de déboire ne se renouvelle, elle me propose sur-le-champ de prendre une photocopie de mon passeport ainsi que le certificat du Dr Cabral, qui me permet de justifier de mon identité. Ce que j'accepte sans hésiter. Sans pour autant prendre la défense du guichetier, mon interlocutrice me précise cependant qu'il n'a fait que son travail...

Ah bon ? Parce que aujourd'hui l'amabilité n'est plus due à la clientèle ?

Jeudi 4 janvier 2001

Dans un journal, je viens de tomber sur ces quelques lignes écrites à propos du présentateur d'une chaîne câblée : « L'une des personnalités les plus marquantes de cette année fut Vincent Mc Doom. Il a réussi à imposer son style au grand public (pas coincé et plutôt haut de gamme) de Paris Première. Notez pour la petite histoire qu'il lui a été plus facile de se faire accepter dans le milieu hétéro que dans le Marais ! C'est tout à fait normal, ces pauvres garçons clonés du IVe ne supportent pas ce qui ne leur ressemble pas. »

Vincent Mc Doom, toujours à la pointe de la mode, juché sur ses hauts talons, n'en est pas moins un garçon, ce qu'il a toujours revendiqué. Son irruption sur le petit écran ne m'avait pas échappé, pas plus que la sourde hostilité avec laquelle la communauté gay l'avait accueilli et considéré.

J'ai moi aussi fait l'expérience de ce genre de rejet. Par exemple lorsqu'on a refusé de me servir dans certains lieux à la mode dans le Marais – bien que je fusse accompagnée de quelques amis homos – sous prétexte que ce n'était pas là un « bar pour filles ».

Je me suis même vu interdire l'entrée dans un bar de la rue de la Verrerie dont j'avais été invitée à fêter l'inauguration.

– Si on commence à accepter des gens comme toi, on va perdre toute notre clientèle, m'avait-on lancé.

Par la force des choses, la communauté « trans » vit à la marge de la communauté gay, à laquelle elle est pourtant assimilée par les hétéros ! Mais, minorité parmi la minorité homo, elle n'y jouit d'aucune considération ni même du moindre sentiment de solidarité ou de la plus élémentaire reconnaissance. Combien de fois ai-je lu dans certains regards comme une sorte de haine ? Combien de fois m'a-t-on laissé entendre que je donnais une mauvaise image de la mouvance homosexuelle, celle d'une « folle » ?

Cela dit, même si j'ai fréquenté cette communauté, je n'ai rien à voir avec elle. Chez certains de ceux qui en font partie j'ai trouvé un palliatif à une hétérosexualité à laquelle je ne pouvais pas accéder autrement – et pour cause –, mais je ne me suis jamais sentie tout à fait à l'aise dans leur milieu, ni « la » bienvenue. D'ailleurs, je n'ai jamais cherché à m'y faire accepter. Les bars, les lieux de drague et les bordels homos ne convenaient pas à ma quête. Du reste la plupart de mes ex-petits copains étaient bisexuels, quand ils n'étaient pas carrément hétéros.

J'ajouterai que, dans le monde homo, on n'est pas moins hypocrite qu'ailleurs. Prenons l'exemple de Dana International. Lorsque cette chanteuse israélienne a remporté le grand prix de l'Eurovision, elle est aussitôt devenue une « icône gay ». On l'entendait partout, dans tous les bars, dans toutes les boîtes, et son disque s'est vendu comme des petits pains. Pourtant, que je sache, c'est bien une « trans » ; et Ru Paul, lorsqu'il chantait *Supermodel* et posait en diva glamour pour une marque de cosmétiques, n'était-ce pas un travesti ?

Cela me rappelle une anecdote qui m'est arrivée à New York. Je séjournais chez un couple d'amis homos, l'un travaillant à la rubrique mode d'un magazine très tendance, l'autre étant écrivain. Nous voici tous trois devant l'entrée d'une discothèque « gay » très en vogue et exclusivement réservée aux garçons. Évidemment, dans un premier temps, l'entrée m'en est refusée. Pour faire céder le portier, mes amis doivent lui expliquer que je suis une transsexuelle. « Ah bon, c'est une trans ? Alors elle peut entrer... » Résultat j'ai pu passer une soirée mémorable dans un endroit magnifique, parmi des mecs aussi resplendissants que contents de me rencontrer, semble-t-il. Mais ce qui est possible à New York ne l'est pas forcément à Paris, où l'on se montre beaucoup plus sectaire.

Je ne tiens pas spécialement à fréquenter les boîtes homos, cependant, comme le disent toutes mes copines (qui, elles, sont de vraies femmes), dans une boîte gay la musique est bonne, les garçons sont beaux et charmants, et il n'y a personne pour venir vous draguer lourdement. Ce qui n'est pas la règle, loin de là, dans les boîtes hétéros.

Jeudi 8 février 2001

Je me suis réveillée nauséeuse, pataugeant dans une sorte de coma tant j'avais avalé de somnifères et de calmants, hier au soir, avant d'aller au lit. Puis j'ai passé un bon moment à sangloter dans les bras de Christophe qui, ne comprenant qu'à moitié ce qui m'arrive, ne sait trop comment s'y prendre avec moi.

Histoire de me changer les idées, il a fini par glisser la cassette de *Sex and the City* dans le magnétoscope. Je ne peux pas dire que cela m'ait été d'un grand secours...

Que m'arrive-t-il au juste ? Rien de bien compliqué. Tout simplement, je serais tentée de dire que « ça y est, cette fois c'est pour de bon ». Il y a une semaine de cela, j'ai reçu un courrier du Dr Bennett m'expliquant la marche à suivre durant les deux mois à venir. Deux longues pages de conseils qui se concluaient par une demande, celle de lui faire parvenir la somme de neuf mille livres (un peu plus de quatre-vingt-dix mille francs) avant le 22 mars.

Pas d'épilation des jambes dans les deux semaines précédant l'intervention ; pas de vêtements trop près du corps, et puis je devrai arrêter le traitement hormonal six semaines avant d'entrer en clinique, soit approximativement le 1er mars. Le Dr Bennett a même pris soin de me dresser la liste des effets personnels que devrai mettre dans ma valise, j'ai trouvé fort cela amusant. Quoi qu'il en soit, ce ne sont pas ses collègues parisiens qui s'inquiéteraient ainsi de mon confort !

Là où ça se corse, c'est pour le paiement des neuf mille livres. En effet, sur les précieuses indications de ma conseillère financière qui œuvre dans le Marais – et qui a déjà été confrontée à ce genre de transaction – j'ai fait parvenir au Dr Bennett un imprimé de « virement bancaire international » qui aurait permis de faire directement circuler l'argent de banque à banque. Seulement voilà, le chirurgien de Brighton souhaiterait être payé par chèque international ou, mieux encore, en espèces...

Je me vois déjà gare du Nord ou à l'aéroport,

sachant les problèmes précédemment rencontrés à la douane lorsque j'ai présenté mon passeport, avec neuf mille livres en espèces bourrant à craquer mon portefeuille Vuitton... D'abord on ne peut pas franchir une frontière avec plus de cinquante mille francs, sauf à les avoir préalablement déclarés. Ensuite il faudrait être inconsciente ou folle pour se promener avec une telle somme en liquide dans son sac à main !

Comme toujours, mes sœurs du PASTT ont répondu à mes angoisses : « Ma chère, on l'a toutes fait avant toi, et il n'y a pas de quoi se rendre malade. Avec la livre anglaise, rassure-toi, ça ne fait pas beaucoup de billets et tu peux les cacher aisément au fond de ton sac. Bien sûr, il y a aussi les Travellers. Seulement imagine la somme de paperasse qu'il va te falloir remplir afin d'en acheter pour neuf mille livres ! »

Et impossible de procéder en euros, auxquels les Anglais n'ont pas adhéré.

Finalement, c'est ma conseillère financière qui a trouvé la solution adéquate. Il suffit que j'émette un chèque sur mon compte courant en remplaçant le traditionnel « BPF » par le « £ » qui symbolise la livre anglaise, le tout à l'ordre du Dr Bennett. Aussi simple que ça !

Le problème du paiement étant résolu, j'ai pu remplir en toute quiétude le questionnaire que la clinique m'a envoyé. Dans les cases prévues à cet effet, j'ai dûment indiqué que je suis végétarienne et que je souhaite occuper une chambre individuelle avec un lit supplémentaire pour un éventuel accompagnant. J'imagine que, dans le service du Pr Mazel, on ne s'embarrasse pas de tant d'égards envers des filles comme moi...

Tout va donc pour le mieux et cependant je suis fatiguée, psychologiquement épuisée, presque désorientée. Il en va ainsi je suppose quand on a attendu quelque chose très longtemps, qu'on n'osait presque plus y croire, et que tout à coup cela arrive. Les « nerfs » lâchent...

Mon petit home des Halles me manque bien depuis que je campe chez Christophe, qui d'ailleurs est de plus en plus absent pour raisons professionnelles. Heureusement, Terry et Marc ne m'ont pas laissée tomber. D'ailleurs nous nous sommes déjà organisés pour savoir qui m'accompagnera et qui viendra me récupérer après mon intervention.

Comme j'ai hâte de prendre l'Eurostar, de faire le voyage Paris-Ashford-Hastings-Brighton, et surtout de rentrer à Paris !

Vendredi 9 février 2001

Reçu ce matin le courrier suivant de la Caisse primaire d'assurance maladie... de la rue des Deux-Boules (ça ne s'invente pas !) :

Soins à l'étranger.
Objet : refus de prestations pour motif d'ordre médical.

Monsieur,

Nous vous informons qu'après avis du praticien conseil, la décision suivante a été prise au sujet de la demande de prestations dont les caractéristiques sont rappelées ci-dessus : non prise en charge des soins à l'étranger.

La présente notification est établie à la suite d'une décision prise par le médecin conseil national pour un motif d'ordre médical. Vous pouvez obtenir toutes explications nécessaires quant au motif de ce refus par l'intermédiaire de votre praticien traitant, conformément aux dispositions de l'article 6 bis de la Loi n° 78-753 du 17 juillet 1978.

Cette décision n'est susceptible d'aucun recours.

Veuillez agréer, Monsieur, l'assurance de notre parfaite considération.

Le chef de centre

Je suis totalement effondrée. On m'a pourtant bien dit que les opérations à l'étranger avaient toutes les chances d'être prises en charge. Qu'est-ce qui a bien pu motiver ce refus péremptoire ?

« Motif d'ordre médical », « décision susceptible d'aucun recours ». Bref, c'est « circulez, y a rien à voir ». Bravo, la Sécu ! Ainsi, je me suis pliée à toutes les exigences de la Faculté, j'ai rigoureusement respecté le protocole qui m'a été imposé, j'ai fait la preuve du bien-fondé de ma démarche puis j'ai obtenu l'accord de la Commission, tout cela pour me voir renvoyer dans les cordes parce que je n'ai pas accepté de me faire opérer à Paris. Est-ce ma faute si à Paris on ne m'a proposé qu'un ersatz de sexe féminin ?

Comment peuvent faire celles qui n'ont pas les moyens de s'offrir une opération si coûteuse en Angleterre ? Doivent-elles se rendre dans des contrées plus lointaines où l'intervention se révèle parfois à hauts risques ? Car il ne faut pas s'y tromper, cette intervention est extrêmement délicate, et quand elle est ratée les conséquences peuvent se révéler catastrophiques. Cela me rappelle un article paru récemment, et qui débutait par cette phrase : « Nécrosé, son sexe est tombé après deux jours de douleur sans que les médecins s'en préoccupent. » Quelle honte ! Ainsi, cette pauvre transsexuelle est allée se faire mutiler, et la voilà à jamais privée de l'organe même de sa féminité. Comment peut-on laisser des filles aller se faire charcuter ainsi en sachant ce qu'il en advient par la suite dans la plupart des cas : nécrose, perforation des intestins, déviation de l'urètre, port d'une poche urinaire pour le restant de ses jours, voire mort ?

Samedi 10 février 2001

Je n'arrive pas à trouver le sommeil. Trop de choses se bousculent dans ma tête.

J'ai passé une soirée d'une infinie tristesse ; plus encore que la lettre de la Sécu, c'est un documentaire sur un orphelinat situé en ex-Yougoslavie qui m'a bouleversée. Les images étaient proprement terrifiantes. Je n'avais qu'une envie, prendre le premier avion, me rendre à Belgrade et sauver quelques petits bouts de chou qui n'avaient rien demandé et que j'aurais tant aimé sortir d'un tel calvaire...

En fin d'après-midi, j'ai tout de même appelé la présidente du PASTT pour lui faire part du refus que m'a signifié la Caisse primaire d'assurance maladie. Elle a aussitôt pris contact avec son interlocutrice au ministère de la Santé. Résultat : tout espoir n'est pas perdu, car un grand chambardement va suivre la nomination de Bernard Kouchner à sa tête. Déjà le service qui s'occupait des cas de transsexualité déménage. Et la question qui se pose est de savoir qui, désormais, opérera des filles comme moi ? Alors la Sécu va probablement devoir réviser sa position en ce qui concerne les vaginoplasties pratiquées à l'étranger. Néanmoins, pour en savoir davantage, il faudra attendre le mois d'avril où une réunion au sommet est prévue entre le ministère et les trois principales associations trans : Syndrome de Benjamin, PASTT et Caritig [1].

Mais après tout, quoi qu'il advienne, j'ai rencontré le meilleur chirurgien qui soit, réuni les fonds nécessaires à son intervention, organisé celle-ci, et rien d'autre ne m'importe. Le Dr Masselier n'aura servi qu'à mettre un peu plus au clair ce qui restait flou dans mon esprit, ce que je n'arrivais pas à exprimer et encore moins à expliquer. Mais qu'a-t-il fait pour moi, en dehors de ça ? Rien – tout comme le Pr Vigon, ce psychiatre qui s'est payé ma tête en me donnant des rendez-vous qu'il n'a jamais honorés – sinon me faire perdre un peu plus d'une année.

Mais remboursement ou pas, les jeux sont faits, je quitterai Paris le 10 avril prochain. Pour ce qui est du reste, de « l'après », il sera toujours temps d'y penser. Il ne me restera alors qu'un seul obstacle à franchir, ce tribunal de grande instance qu'il faudra convaincre de me fournir de nouveaux papiers d'identité...

1. Centre d'Aide, de recherche et d'information sur la transsexualité et l'identité de genre (BP 756, 75827 Paris cedex 17, tél. 01 43 42 28 58, Internet : http ://www.caritig.org/).

Mercredi 14 février (jour de la Saint-Valentin)

Christophe est parti sur la Côte, chez des amis. En fait il n'est pas seulement parti prendre du bon temps, il m'a quittée tout court. Je me dis que ses constants déplacements professionnels et les longues séparations qui en résultaient auront eu raison de notre liaison. En réalité il s'agit de tout autre chose, je le sais bien.

La dernière fois que je l'ai vu, je pensais que nous nous retrouverions avec notre fougue habituelle, la porte qui se ferme, sa veste qui tombe sur le sol, et nos vêtements emmêlés que nous ramassions en riant après nos ébats. Il n'en a rien été. Christophe se disait fatigué après un congrès qui, selon lui, n'en finissait pas et l'avait « complètement vidé » !

J'ai d'abord cru à cette excuse. Je croyais que son amour serait bien plus fort et saurait surmonter toutes les difficultés présentes et à venir. Je me suis trompée. Pourtant je ne lui en veux pas. Je suis sûre qu'il a beaucoup pris sur lui, tout essayé pour me voir avec les yeux de l'amour et pas ceux des autres. Mais force est de constater qu'au bout du compte l'opinion des autres aura prévalu sur ses propres sentiments... Quelque chose dans ma transformation continue de le déranger.

Il m'avait proposé de passer quelques jours au

Méridien de Dakar, sur la pointe des Almadies ; l'école étant fermée, congés scolaires obligent, j'avais quartier libre. Sous de faux prétextes, j'avais souhaité rester à Paris. Résultat, le voici parti pour Nice, et je n'ai plus qu'à déménager ce merveilleux dressing qu'il m'avait offert et que je considérais comme une preuve d'attachement, comme son souhait concrétisé de me voir m'installer à ses côtés. Direction Les Halles, où je vais réintégrer mon petit home abandonné depuis si longtemps...

Vendredi 16 février 2001

Combien de fois le Dr Masselier m'a-t-il fait savoir qu'il avait été contacté par une équipe de télévision dans l'espoir que j'accepterais d'être filmée et interviewée sur mon expérience transsexuelle ? Et combien de fois lui ai-je répondu que je souhaitais garder l'anonymat, n'étant pas un animal de foire ?

D'ailleurs, à quoi bon témoigner ? Reparler à nouveau du « douloureux problème de la transsexualité » vu sous l'angle des travestis du bois de Boulogne et des travailleuses du sexe ? Non, je n'ai rien à voir avec tout cela et je me refuse d'apparaître à l'écran si, pour la énième fois, on nous montre ce que l'on nous a montré jusqu'à présent.

Aussi ce matin, lorsque sur mon répondeur j'ai

trouvé le message d'un réalisateur qui souhaiterait faire un reportage pour la télévision dont le sujet serait, bien évidemment, la transsexualité, j'ai bien failli ne même pas le rappeler. Et pourtant je l'ai fait, en buvant mon café sans lequel je suis incapable de commencer une journée.

D'après notre entretien téléphonique, ce garçon voudrait suivre une personne non opérée depuis les préparatifs de l'intervention jusqu'à l'opération elle-même, puis les mois suivant celle-ci. L'idée m'a paru intéressante et plutôt originale en ce que, jusqu'ici, le petit écran nous a toujours confrontés à des transsexuelles opérées ou non opérées (dont certaines ont fait le choix de ne pas l'être), mais jamais à des personnes comme moi, en devenir.

Un première rencontre s'imposait afin de faire connaissance. Ce qui fut fait dans les bureaux du producteur. Le garçon me semblait charmant, mais je ne me suis pas gênée pour lui poser *LA* question : « Souhaitez-vous faire ce reportage par voyeurisme ou parce que le sujet vous intéresse, et surtout souhaitez-vous échapper au misérabilisme avec lequel on traite habituellement ce sujet ? » Sa réponse a été sans ambages. On lui avait parlé de ma vie, de mon parcours et de ma personnalité, ce qui l'a justement convaincu qu'on ne tomberait pas dans la noirceur, dans le glauque.

Bien que très flattée, j'ai souhaité prendre un temps de réflexion, ce qu'il a évidemment compris.

De prime abord, Philippe – puisque c'est son

prénom – pourrait passer pour un « bon gars de la campagne ». Mais il est gentil, prévenant, diplomate et suffisamment subtil pour qu'on se confie à lui. Du coup, je n'ai pas craint de lui décrire le « chemin de croix » qui a été le mien. Il a été assez étonné et consterné d'apprendre que rien ou presque, ici en France, n'est prévu pour nous, au point que nous devons souvent aller nous faire opérer à l'étranger. Et je ne lui ai pas caché que si je devais témoigner pour lui, ce serait à la condition de préserver mon anonymat afin de demeurer « madame tout le monde » après la diffusion de son reportage. Ce qu'il a parfaitement admis.

Je lui ai également fait part de mon engagement militant au sein du PASTT et du message que je souhaiterais faire passer avant tout si j'acceptais sa proposition, à savoir qu'une transsexualité aboutie peut être un hymne à la vie, et que le trottoir n'est pas la seule perspective offerte aux personnes souffrant d'un « trouble de l'identité de genre ».

Et pour finir, à force de parler, de tasse de café en tasse de café, Philippe m'a convaincue de jouer le jeu, de me mettre à nu – au sens figuré du terme, bien sûr ! – devant sa caméra. Après tout, j'ai décidé d'écrire ce livre, alors pourquoi ne pas aller jusqu'au bout, ne serait-ce que pour dénoncer ce que l'on nous inflige dans le beau pays de France ? Et au point où j'en suis, pourquoi ne pas signer mes écrits de mon vrai nom (alors que je prévoyais d'utiliser mon vieux pseudonyme), puisque j'ai fait le choix d'apparaître à visage découvert dans ce futur reportage ?

On parlera de moi pendant six mois et un clou chassant l'autre, on m'oubliera vite, comme tout le reste. Alors je redeviendrai « madame tout le monde », ce qui est mon souhait le plus cher.

Mardi 20 février 2001

Marc m'a fait sèchement remarquer que « dans la vie il n'y a pas que le rouge à lèvres »... Cela fait une semaine que j'ai quitté l'appartement de Christophe et à peine plus que j'ai reçu la réponse de la Sécurité sociale, alors excuse-moi, mon cher Marc, mais quelquefois un petit tube de rouge à lèvres Chanel à cent trente-cinq francs, ça fait énormément de bien pour le moral ; au moins sur le moment...

Du refus de la Sécu, j'ai touché deux mots au Dr Masselier lorsque j'ai appelé son secrétariat pour prendre mon prochain et dernier rendez-vous avant l'intervention. Il n'a pas paru autrement surpris de cette fin de non-recevoir. « Qu'en attendiez-vous ? » m'a-t-il demandé. Ne serait-ce qu'une prise en charge partielle, docteur, et la possibilité de choisir le chirurgien à qui je vais confier le soin de changer ma vie, même hors frontières. Et puis ne vivons-nous pas en Europe, où la libre circulation des personnes a été décrétée ? Alors si j'ai envie d'aller me faire opérer à Brighton, c'est mon droit.

Masselier n'a pas démenti, mais il a ajouté que puisque nous pouvons nous faire opérer à Paris (il faudrait savoir !), il n'y a pas de raison pour que nous allions nous faire traiter à l'étranger.

J'ai tout de même demandé à mon médecin traitant de prendre contact avec la Caisse primaire d'assurance maladie pour connaître la vraie raison de son refus de prise en charge. S'agirait-il d'une loterie ? Pourquoi certains cas ont-ils été financés à soixante pour cent et pas le mien ?

Et puis je m'en fous, l'essentiel est que je puisse envoyer un chèque de neuf mille livres au Pr Bennett avant le 22 mars, que ma chambre soit réservée dans sa clinique, et que le 12 avril arrive enfin « le » grand jour.

Mais que s'est-il passé entre la date où j'ai effectué ma demande et le 15 février 2001, date à laquelle on m'a opposé un niet aussi catégorique que définitif ?

Camille Cabral, présidente du PASTT, m'a promis d'intervenir ; de nouvelles règles devraient bientôt s'appliquer et il semblerait qu'elles pourraient avoir un effet rétroactif. Auquel cas, la Caisse primaire me rembourserait une partie des frais.

En attendant d'être fixée, je vais devoir me résoudre à acheter quelques dessous. Fini les slips, je vais avoir besoin de petites culottes. Et de soutien-gorge. Seulement, aux dires des médecins, je risque de prendre une taille de bonnet supplémentaire d'ici trois mois. Alors à quoi bon investir si je dois m'en débarrasser dans un trimestre ?

Tant pis, au diable les questions d'argent, je me rends dans une boutique de lingerie. Banale, genre discount... Histoire de noyer le poisson, j'explique que je viens de me faire poser des implants mammaires et que, du coup, je ne sais plus quelle taille de soutien-gorge adopter. La vendeuse me toise. Vu ma taille et ma carrure, elle opte pour un 100 bonnet A.

– C'est grand, ajoute-t-elle, et vous ne trouverez jamais rien de joli ni de sexy dans une telle taille. D'ailleurs 100 bonnet A ça n'existe pas, vous ne trouverez que du B. Mais nous n'en avons pas...

Sa réponse m'anéantit. Moi qui rêvais déjà de balconnets et autres décolletés pigeonnants !

– Mais alors, que dois-je faire ? insisté-je.

– Voyez les grands magasins, on ne sait jamais... me lance finalement la dame.

Heureusement pour moi, sur les grands boulevards, j'ai bel et bien fini par trouver du 100 bonnet B. Reste à savoir si l'on ne devra pas m'implanter de jolis coussinets de silicone, au cas où ma poitrine n'atteindrait pas d'elle-même cette fichue taille !

Mercredi 21 février 2001

Mon agenda de « célibataire » est si vide, malgré les amis restés fidèles, que j'ai repris un abonnement à mon vidéoclub. Pourtant Christophe et moi n'avons cessé de nous appeler depuis son retour. Nous avons même passé la journée de dimanche ensemble. Non sans quelques pleurs. « J'ai essayé... j'aurais tant voulu », m'a-t-il avoué. Mais que je le veuille ou non, je sais bien que la page est tournée et que je dois réapprendre à vivre seule, même si ce n'est pas facile.

Cela dit, notre séparation sera intervenue au bon moment. Ni trop tôt, ni trop tard. Le pire eût été qu'elle se produise à la veille de mon départ pour Brighton !

Pour tuer le temps, j'ai repris possession de mon petit home en y déplaçant tous les meubles, j'ai rangé ma penderie et fait un saut à la Croix-Rouge afin d'y déposer les affaires de Bruno, celles que bientôt Andréa ne pourra plus porter...

Mercredi 28 février 2001

Mon horoscope est formel : « L'arrivée de votre mois d'anniversaire devrait être prometteur et vous apporter ce que vous attendez depuis longtemps. Ce n'est réellement plus qu'une question de semaines pour vous sentir vraiment bien, alors encore un peu de patience. » Noir sur blanc !

La journée a déjà été fort riche en émotions ; ayant la semaine dernière adressé un courrier au médecin traitant de ma grand-mère pour lui demander si je dois lui avouer ce qui se prépare dans ma vie ou si, vu son grand âge (quatre-vingt-six ans) je dois lui cacher la vérité, une chose extraordinaire en a résulté pour moi.

Une subite inspiration m'avait poussée à envoyer un courrier similaire à une cousine éloignée, voisine de ma grand-mère. Malgré tous les griefs que je peux avoir à son égard, à la mort de mon grand-père j'ai mis tout en œuvre pour que mon aïeule puisse rester à son domicile, parmi ses meubles, ses souvenirs, et en compagnie de son petit chien Darling. Mais en plus de cela, ma cousine Mado a pris sur elle de l'approvisionner chaque semaine en allant lui faire un plein de courses à l'hypermarché du coin. Tout naturellement, je lui ai donc demandé son avis et dans quel état d'esprit se trouvait ma grand-mère, cela sans rien lui cacher de mes projets. Je l'ai même assurée que je ne lui en voudrais en rien si elle ne souhaitait pas me répondre.

Or, voici la merveilleuse lettre qu'elle m'a écrite et que j'ai reçue ce matin :

Chère Andréa,

Tu vois, cela ne nous choque pas autant que tu pourrais le penser. Nous nous habituerons à ta nouvelle iden-

tité, puisque c'est ton vœu. C'est de ta vie dont il s'agit, tu es tout à fait libre de l'envisager comme tu le désires. Et de toute façon, tu n'en es pas responsable, la nature t'a choisie pour être une jolie Andréa au lieu d'un séduisant Bruno. Tourne cette page bleue et essaie de prendre un nouveau départ dans la sérénité, nous te le souhaitons. Cette décision est certainement la base de ton épanouissement.

Quant à ta mise en marge de la famille, nous n'avons pas la même analyse de la situation, en tout cas pas en ce qui nous concerne, Jean et moi. Tu as cru que nous te repoussions, erreur ! C'est toi qui as pris tes distances, et puisque c'était l'impression que tu nous donnais nous avons préféré nous effacer pour ne pas te gêner.

Lorsque ton papy et ta mamie nous ont confié ta situation, ce qui ne nous a pas vraiment surpris et qui ne nous gênait aucunement d'ailleurs, la première réflexion que nous leur avons faite fut : ce n'est pas grave, il n'est pas responsable de ce que la nature a fait de lui, et de toute façon il n'est pas seul dans son cas.

Naturellement, au début cela a été dur pour eux à assumer, car leur génération ne les avait pas préparés à une telle situation. Mais, tu sais, ils ont tout de même fait face, avec leurs moyens à eux je te l'accorde, ce n'était sûrement pas ce que tu attendais mais il faut savoir qu'ils ont été sincères dans leurs intentions. Le regard que nous avons sur les anciens lorsque nous sommes jeunes n'est pas toujours le bon, nous nous en apercevons quand il est trop tard.

Il est évident que ta mamie se confie à moi depuis

quelque temps, car à son âge, toute seule de longues journées, ce n'est pas drôle. Mais sache que ce qu'elle me dit reste entre elle et moi, et qu'elle ne me dit pas tout car elle te protège un maximum. Elle s'inquiète beaucoup pour ta santé.

C'est pourquoi je crois qu'il vaudrait mieux qu'elle soit mise au courant de ta nouvelle identité et que tout soit net entre vous deux, cela lui éviterait de se poser des questions pas toujours bonnes pour son moral.

Je veux bien t'aider à lui faire passer le message. Je ne pense pas qu'elle en soit traumatisée. Je la préparerai tout naturellement et tout doucement, de façon à ce qu'elle admette que tu es plus heureuse ainsi.

Je pense aussi qu'il serait peut-être mieux que cela se passe dans un premier temps entre elle et moi, car devant la doctoresse je pense qu'elle ne serait pas à l'aise. Qu'en penses-tu ?

Nous te souhaitons beaucoup de bonheur dans ton nouveau départ, et nous t'embrassons affectueusement,

Mado

Fébrilement, j'ai aussitôt appelé cette formidable cousine pour me confondre en remerciements et lui exprimer toute ma reconnaissance.

– Tu peux téléphoner à ta grand-mère, je l'ai déjà mise au courant, m'a-t-elle annoncé.

Ce que j'ai fait sur-le-champ.

Mamie ne m'a pas semblé plus bouleversée que cela.

– Je suis contente pour toi, dans le fond, m'a-t-elle vite accordé.

Une longue conversation a suivi, au cours de laquelle j'ai appris qu'elle s'était bien rendu compte, depuis ma petite enfance, que quelque chose « clochait ». Et elle en veut énormément aux médecins de ne pas l'en avoir informée plus tôt.

– Si on nous l'avait dit, on aurait fait tout ce qu'il aurait fallu faire, et tu n'aurais pas dû attendre tes trente-cinq ans pour y remédier.

Bien sûr, malgré toute une carrière passée au sein des Hôpitaux de Paris en qualité de surveillante générale, il ne doit pas être évident pour elle de faire la différence entre les homos, les travestis, les transformistes et les transsexuels. Aussi ai-je bien pris la peine de lui préciser que ce n'est pas par vice que je vais me faire opérer : les chirurgiens vont seulement « corriger » une erreur de la nature.

Gentiment, elle s'est excusée de ne pas se sentir capable d'utiliser mon nouveau prénom.

– Tu comprends, tu seras toujours mon petit-fils, m'a-t-elle expliqué.

Par ailleurs, elle semblait terrifiée à l'idée que je ne veuille plus venir la voir... Et pour quelle raison ? Dieu sait le nombre de subterfuges dont j'ai usé pour qu'elle ne se rende compte de rien durant ces derniers mois, et surtout depuis qu'un début de poitrine m'est apparu. Mais maintenant que je peux me montrer telle que je suis, puisqu'elle est au courant de mes projets, pourquoi n'irais-je plus lui rendre visite ?

Lundi 5 mars 2001

Cette fois, mon agenda est bien rempli. Le tournage de ce documentaire que j'ai finalement accepté de faire commence, plus les cours de make-up, les animations au PASTT et les week-ends avec Christophe, puisque nous sommes convenus de passer les fins de semaine ensemble afin que la séparation ne soit ni trop brutale ni trop douloureuse.

Charmant week-end au demeurant ; sa secrétaire m'ayant mis de côté les *Figaro Madame* de ces deux dernières semaines, nous nous sommes retrouvés l'un contre l'autre samedi soir, lui lisant les pages saumon de son quotidien préféré et moi les rubriques santé, mode et beauté du magazine dominical.

En attendant, mon horoscope ne m'avait pas tout dit, le pire pouvant côtoyer le meilleur. J'ouvre machinalement ma boîte aux lettres avant de monter chez moi, ce matin, quand je tombe sur une enveloppe dont je reconnais le vélin blanc cassé et l'écriture entre mille : ce sont ceux de Marc.

Quelque chose me dit de ne pas ouvrir ce courrier avant d'avoir atteint le sixième étage, refermé la porte derrière moi et posé sur la platine laser le dernier disque d'Andreas Scholl que je viens d'acheter.

J'ai eu raison de suivre mon instinct...

Mon très cher Bruno,

Ce prénom en en-tête t'agacera certainement mais c'est à Bruno que je m'adresse aujourd'hui, à la personne que j'ai connue voilà plus de neuf ans déjà, pas à celle que tu tends et que tu réussiras, j'en suis certain, à devenir prochainement.

Tu as constaté que je traversais une période difficile en ce moment, que tu as trop vite mis sur le compte de ma solitude. C'est une solution rapide pour toi, elle te dédouane de toute responsabilité. Les choses ne sont pas aussi simples, mon tendre amour du passé. Il est un fait qu'avancer dans la vie seul est pour moi de plus en plus difficile, car bien que l'on n'attende jamais rien de personne, les nuits sont loin où nos deux corps enlacés s'endormaient paisiblement dans la quiétude de notre lit commun. Je crois que tout au long de notre vie, nous serons toujours à la recherche d'un corps ami qui saura nous donner et nous rendre cette tendresse et cette chaleur qui nous seront nécessaires jusqu'à notre dernier souffle.

Qui peut nous dire aujourd'hui qui sera présent, à cette ultime minute, pour sentir nos doigts se serrer contre les siens avant que de lâcher prise pour aller voir ce qu'il y a de l'autre côté du miroir ? Longtemps, j'ai pensé que ce serait toi qui de ta main me fermerait les yeux avec douceur. Et c'est avec douceur aussi que je viens par ces quelques mots t'ouvrir les yeux aujourd'hui.

En effet, voilà presque dix années que mes journées sont rythmées par tes appels téléphoniques, tes visites chez moi à Biarritz, et les miennes chez toi, dans ton home parisien. Toutes ces années ont été riches pour moi de beaucoup de sentiments entremêlés, de nos forces et de nos faiblesses, de découvertes sur moi-même et sur toi.

Avant toi, une personne m'avait révélé ce que l'on pouvait ressentir quand on pouvait partager de façon passionnée, fulgurante, un grand amour. J'étais jeune et son départ brutal m'avait précipité dans des années sombres où personne à mes yeux ne pouvait rivaliser avec cet être d'exception. Comme le disait Yves Navarre : « On ne se remet pas d'un amour à venir. » Jusqu'au jour où j'ai rassemblé mes forces pour oublier ces images tendres et inviolables du passé et pour m'en remettre au présent de ma jeunesse.

Je n'avais pas tout à fait trente ans, et tu dois te souvenir de la façon dont nos regards se sont croisés, durant de nombreuses semaines. Sans mot et nous nous sommes lentement apprivoisés avec nos caresses, nos baisers, nos lettres quotidiennes, nos billets doux glissés dans les poches pour les moments où nous serions l'un sans l'autre, moi sans toi et réciproquement. Si tu as aimé mon côté rassurant, fort en apparence, ce côté qui te faisait défaut à cause de l'absence de tes parents pour te sentir épaulé, guidé dans la vie, j'ai tout de suite aimé cette fragilité dans ton regard, derrière des rires trop forts pour être ceux d'un être pleinement heureux.

À la différence d'une amitié qui s'apprivoise, le coup de foudre en amour ne discerne pas au départ le bon grain de l'ivraie. J'ai tout pris de toi comme tu as tout accepté de moi. Nous avons vécu très vite ensemble, car même si nous nous sentions si différents, nous voulions demeurer inséparables.

Tout aussi vite, j'ai senti que tu n'étais pas un garçon comme les autres, sans savoir expliquer pourquoi. Parmi les signes les plus évidents, ta salle de bains était un véritable laboratoire. Peu de femmes peuvent s'enorgueillir de posséder autant de crèmes de toutes sortes que toi. Je mettais ça sur le compte de la peur de vieillir. Mais à vingt-six ans, comment pouvais-tu déjà avoir peur du temps qui passe alors que ta beauté faisait se retourner tout le monde sur ton passage ?

Et puis tu n'étais pas le seul homme à prendre un peu trop soin de lui. Non sans grâce j'acceptais cette préciosité, car quand nous étions seuls tu laissais libre cours à la négligence de ta mise, ce qui convenait plus à mon amour de ce qu'il y a de naturel en toi.

Malheureusement, j'ai vite compris qu'il n'y avait pas que cette peur de vieillir qui te taraudait. Tu avais besoin sans cesse de t'enlever des poils que tu disais incarnés dans ta barbe, allant jusqu'à te défigurer et te recouvrir de fond de teint pour masquer les rougeurs qui en résultaient. Et puis à la différence du naturel que tu affichais dans notre intimité, je ne comprenais pas pourquoi tu t'épuisais en autant de gestes et d'attitudes féminines dès que tu sortais en société.

De cela j'ai beaucoup souffert car tu me connais, ma

devise est que l'on n'a pas forcément besoin de se faire remarquer pour être remarquable.

Malgré cela, une force me faisait rester auprès de toi : c'était incontestablement celle de notre amour partagé.

Toi qui avais toujours attiré les regards par ta beauté et tes traits androgynes, tu ne pouvais pas imaginer que quelqu'un puisse te regarder pour un autre motif. Était-ce une manière de te voiler la face pour te protéger des autres, ou d'ouvrir le chemin sur lequel tu désirais avancer coûte que coûte, inconsciemment ou consciemment à l'époque, je ne saurais le dire, au risque de laisser sur le côté ceux qui essayaient de faire entendre leur voix ?

Moi qui ai vécu à tes côtés toutes ces années, je sais que ces regards n'étaient pas qu'admiratifs, ne t'en déplaise. Mais au fond de toi tu le sais aussi, même si tu ne voulais pas les voir car ils auraient ébranlé tes certitudes. Crois-moi, en effet, quand je te dis combien j'ai souffert des airs moqueurs qui accueillaient l'image caricaturée que tu offrais à contempler. Je comprends maintenant que ce corps de garçon ne convenait pas à cette gestuelle que tu poussais au paroxysme de la féminité.

Enfin, à force de questions, de recherches, j'ai découvert dans des documents cachés (pardon !) que cette féminité était ta quête permanente depuis ton plus jeune âge. Et si tout cela s'est arrêté brutalement lors de notre rencontre, j'ai d'une part le très grand orgueil de penser que notre amour a été, un temps, plus fort que tout, et d'autre part la faiblesse et la clairvoyance de croire qu'autant de luttes solitaires contre la société, l'admi-

nistration, la vie en général pour faire accepter cette féminité déplacée dans ce corps de garçon non voulu, t'avaient épuisée. Devant tant d'incompréhension, tu as alors pris refuge dans notre amour où, protégé du monde comme dans un îlot, tu pouvais reprendre les forces nécessaires pour mener le combat de la vie, de ta vie tout entière.

À l'heure où je t'écris ces quelques lignes, c'est-à-dire à un peu plus d'un mois de ta nouvelle naissance, je voulais te mettre en garde contre certaines choses au nom de notre amour passé, et des secrets qui sont les nôtres.

Je comprends et j'admire le courage que tu as eu pour en arriver jusque-là. Je sais, pour avoir écouté tes confidences, ce que tu as dû subir pour prouver au corps médical et à tes amis que ce n'était pas une pièce de la Commedia dell'arte que tu jouais, mais le combat de la vie contre la mort.

Alors maintenant que tu vas naître une seconde fois, je veux simplement te dire que ces trente-cinq années passées ne sont pas vaines, car elles t'ont appris à te protéger et à te rendre plus fort envers ceux et celles qui t'entourent.

Cette détermination qui t'a permis d'arriver au crépuscule de cette première partie de ton existence, je voudrais, mon cher Bruno, que tu l'abandonnes un peu à l'aube de cette prochaine naissance, de façon que tu puisses être un peu mieux à l'écoute des personnes qui t'entourent, des conseils et des mises en garde de ceux qui t'aiment et te chérissent au plus profond de leur cœur. Beaucoup qui ne pensaient pas comme toi ne méritaient pas forcément d'être abandonnés sur le chemin de ta nouvelle naissance.

Pour finir, je veux te remercier de toutes ces années passées à tes côtés. Même si cela n'a pas été très facile, je veux croire que ma présence aura quelque peu apaisé certaines de tes souffrances. Je veux te remercier aussi de la confiance que tu me fais en me demandant de t'accompagner jusqu'à la conclusion de ta démarche, et te prier de m'excuser d'avoir tant de mal à t'appeler par ton nouveau prénom.

Il est humain de refuser de voir partir dix années de sa vie, car pour moi il n'est pas besoin ni d'église ni de tombe, ni de cimetière pour voir s'envoler les anges.

Je t'embrasse, mon bien-aimé.

Marc.

Et sa lettre s'achevait sur ces quelques vers de Louise de Vilmorin :

Que ne suis-je la vague
Où baignent tes secrets
Et que ne suis-je l'algue
Liée à tes poignets ?

Jeudi 8 mars 2001

Jour J-35 avant le grand plongeon. Ma salle de séjour ressemble à la loge d'une star fraîchement

« oscarisée », tant hier soir j'ai reçu de bouquets, tous plus magnifiques les uns que les autres, et particulièrement une énorme brassée d'arums blancs, ma fleur préférée.

Je viens en effet de fêter mon trente-cinquième anniversaire en compagnie de mes ami(e) les plus chers. Douze d'entre eux avaient été priés de se rendre, à 21 heures précises, au Tibourg, l'un de mes restaurants préférés, dans une des plus belles rues du Marais.

J'avais projeté une arrivée triomphale dans un superbe smoking d'Yves Saint Laurent... Seulement quand je me suis présentée, à 21 h 15, personne n'était arrivé et je me suis sentie vraiment idiote, seule assise à la table qui nous avait été attribuée !

Puis tout le monde est venu. Le quart d'heure parisien dit « de la maîtresse de maison » était largement dépassé pour certains, mais après tout l'essentiel était qu'ils fussent là. Comme à l'accoutumée, j'ai joué mon rôle d'hôtesse à merveille. N'est-ce pas mon métier ? Cependant, malgré la présence de toutes ces personnes qui me sont si chères, et malgré toutes les attentions dont j'ai été l'objet, je me suis sentie bien seule... dans mon cœur, cela s'entend.

Christophe n'était évidemment pas invité (d'ailleurs il déteste ce genre de festivités) et Marc avait préféré rester à Biarritz, trouvant l'événement trop « jet-set »...

Je ne vois personnellement rien de « jet-set » dans le fait de convier des amis autour d'une bonne table, dans un joli cadre, à l'orée d'une nouvelle vie qui se prépare. J'ai mis cela sur son côté « sauvage, ours mal léché », mais tout de même, lui qui m'accompagnera jusqu'à la table d'opération, il aurait pu faire un effort pour mon « dernier » anniversaire.

Carlo, Lee, Rocco d'Amour, Olivier, son ami polonais, Terry et Henry-Jean étaient de la fête. J'avais demandé un framboisier comme dessert. Le chiffre 35 devait être soufflé sous l'œil vigilant de la caméra tenue par Philippe, puisque j'ai d'ores et déjà commencé le tournage de ce documentaire qui devrait couvrir les neuf prochains mois de ma vie.

Trente-cinq ans... Ma plus grande frayeur ? Celle d'être une femme de trente-cinq ans, célibataire et sans enfant. J'ai calculé que si je trouvais le papa idéal avec lequel je pourrais entamer une procédure d'adoption, j'aurais une soixantaine d'années lorsque notre enfant fêterait ses vingt ans. Quelle folie !

En attendant, chaque jour qui passe me rapproche un peu plus de mon départ pour Brighton. J'ai stoppé mon traitement hormonal avant-hier, six semaines avant l'intervention, comme me l'a demandé le Pr Bennett. Il semblerait, aux dires de mes sœurs qui sont passées par là avant moi, que l'on se sente un peu « bizarre » durant cet intervalle. Ce que je crains par-dessus tout est de voir réapparaître ma barbe et les quelques poils que j'avais autrefois sur le torse. Mais l'équipe du PASTT m'a rassurée à ce sujet : je ne risque pas de ressembler au yéti en seulement six semaines de sevrage.

J'ai commencé à organiser mon départ, ma valise, mais plus qu'au reste je pense déjà à mon retour, à ma nouvelle vie, la vraie celle-là.

Je me suis également occupée de faire parvenir au Dr Bennett le chèque de neuf mille livres (environ quatre-vingt-dix-sept mille francs selon l'actuel taux de change) qu'il m'a réclamée. Une sacrée somme : je n'ai pas souvenir, dans ma vie, d'avoir établi un chèque d'un tel montant. Pas chez Mugler en tous cas, j'aurais pourtant bien aimé !

Au fond, comme me l'a gentiment dit mon médecin traitant, ce n'est jamais que « le prix d'une voiture »...

Vendredi 9 mars 2001

Une foule d'images me revenant à l'esprit, mes nuits sont de plus en plus agitées. Je donnerais n'importe quoi pour que quelqu'un me serre très fort contre lui lorsque survient le moment de m'endormir. Christophe ayant redécouvert les joies du célibat, ses week-ends sont surbookés et me laissent de moins en moins souvent l'occasion de me réfugier dans ses bras.

J'ai pourtant ressenti beaucoup d'amour et d'affection autour de moi, avant-hier, parmi celles et ceux – toujours présents et disponibles – qui ont célébré mon anniversaire et qui m'accompagneront jusqu'au bout de mon voyage... D'autant qu'être une femme n'est pas un mince avantage lorsqu'il s'agit de recevoir des cadeaux...

Brighton, mercredi 11 avril 2001

Dans la chambre d'hôtel que nous occupons sur le front de mer, Marc dort à poings fermés.

Le pauvre est rentré hier de Buenos Aires et nous avons pris un avion pour Londres en fin d'après-midi. Terry m'avait convaincue de ne pas refaire le trajet de septembre en Eurostar, pour m'éviter les deux changements prévus jusqu'à ma destination. Cette fois, il ne nous a fallu que trente-cinq minutes pour aller de l'aéroport de Gatwick à Brighton, grâce à un train express.

Si j'avais pu prendre un Concorde, je n'aurais pas hésité une seconde !

Le mois de mars a passé à une vitesse supersonique. Il faut dire que j'ai eu à cœur de tout laisser en ordre derrière moi, au cas où, hélas, je ne reviendrais pas vivante de cette aventure. Ma plus grande hantise étant de voir mon prénom masculin, Bruno, figurer sur ma tombe si un malheur devait m'arriver... J'ai donc fait promettre à Marc que, si tel était le cas, on ne ferait figurer que la première initiale : B.

Dans l'ensemble, le « sevrage » hormonal s'est bien passé. Non, je ne me suis pas retrouvée couverte de poils. Il y aura probablement un petit passage au laser à prévoir au niveau de la moustache dès mon retour sur Paris, mais je suis encore loin d'être une « femme à barbe »...

Comme par hasard, ou par enchantement, tout mon petit monde a débarqué à Paris : Carlo et Lee de Los Angeles (pour mes trente-cinq ans), Norberth et Riccardo de Rome, et Cathy du fin fond de sa Bretagne. En revanche, Christophe ne me donne plus de nouvelles. Contre toute attente, il me semble qu'il n'est pas loin de mener une vie monastique.

Dans quatre heures très exactement, un taxi viendra nous prendre au bas de l'hôtel. La clinique n'est qu'à dix petites minutes du centre-ville mais déjà Marc ouvre un œil et s'inquiète de savoir comment je me sens. Rien à signaler... Juste envie d'une tasse de café, d'une bonne douche et de voir les aiguilles de l'horloge atteindre l'heure tant attendue.

*
**

Le taxi s'est arrêté devant la porte de la clinique, Marc m'a regardé droit dans les yeux en me serrant très fort les mains. Lisant l'interrogation muette que traduit son regard, « Es-tu sûre de ne pas avoir changé d'avis ? » je lui ai répondu par un sourire, le chauffeur m'a ouvert la porte, rendu ma valise et Marc et moi avons pénétré dans le hall. J'ai été saluée par l'immense sourire de l'hôtesse d'accueil, puis une nurse est venue me chercher afin de m'installer dans ma chambre, mon écrin devrais-je plutôt dire. La vue est splendide sur la lande, avec la mer au loin, mais je n'aurai guère le loisir d'en profiter car le programme de la journée est bien rempli : les examens succéderont aux examens en vue de mon opération qui aura lieu demain, 12 avril, à 8 heures du matin.

Marc attendra mon retour du bloc opératoire. Il s'inquiète de ce que, afin de combattre la douleur, on va me plonger dans une sorte de coma artificiel pendant deux ou trois jours. Puis Terry prendra la relève et viendra me chercher afin de me reconduire en France.

Sereine et détendue, pour ma part, je vois enfin poindre une nouvelle lumière au bout du chemin ; une lumière forte, intense, comme celle du soleil, la lumière même de la vie.

En attendant, j'écoute quelques vieux tubes enregistrés sur cassette audio ; les paroles de l'un d'eux, interprété par Julie Piétri, me trottent dans la tête :

C'est comme un voyage que je commence avec toi,
Un nouveau visage que je ne connais pas,
Vis en moi,
Nouvelle vie tu dors dans mon corps,
Bien à l'abri du mauvais sort,
Tu vas sans effort, le cœur d'abord,
Toi nouvelle vie tu cours dans la lueur du premier jour,
Joue... sur le destin qui danse au bout de tes mains,
Fais comme le bateau qui largue les amarres,
Ne retiens sur ta peau que le parfum de l'espoir...

*
**

Ça y est, on vient me chercher. Je suis rassurée, Marc n'est jamais bien loin et demain matin il me tiendra la main, lorsqu'on m'emmènera au bloc, il me l'a promis.

Je ne sais pas pourquoi, mais j'ai subitement envie de rire : je suis tout simplement heureuse.

My nails are done,
My legs are waxed...
Let the party begin ! [1]

Le meilleur reste à venir...

1. Mes ongles sont faits, mes jambes épilées... Que la fête commence !

REMERCIEMENTS

À Franck, sans qui ma vie n'aurait aucun sens. « *You, you are always on my mind.* »

À Henry-Jean Servat, sans qui ce livre n'aurait pas vu le jour. « *Un jour, mon prince viendra...* »

À Gwenaëlle, mon amie, ma sœur, ma confidente de tous les instants.

À Mamina... Merci d'être une maman d'adoption si attentive, présente et compréhensive !

À Camille Cabral, du PASTT, et à ses « Drôles de Dames ».

À Norberth et Riccardo, à Rome. « *Guarir non è possibile le malatia di vivere.* »

À Carlo et Lee, à Los Angeles. *God bless you, you did so much...*

À miss Cathy. La vie vaut la peine d'être vécue, crois-moi.

À Thierry. Tu m'as fait rire, même dans les pires moments. Puisses-tu le trouver enfin, « le loup » !

À Olivier. J'eusse aimé que mon prochain amour fût toi, de nouveau...

À mon « Rocco d'amour ». Je ne désespère pas !

Au Dr Bellier. Je peux vous appeler papa ?

À Rosa, dont le salon de coiffure a été tant de fois mon refuge.

Au « Petit Bonheur », à Babette, Coin-Coin et Yoan pour toutes ces merveilleuses soirées.

À Marie-Josée Locatelli et Evelyne Karleskind, mon assistante sociale préférée : le mot « humanité » a enfin un sens à mes yeux.

À Air France, Airbus Industries et Boeing, qui font que la magie opère encore à chacun de nos envols.

À Michel Lafon et Huguette Maure, qui m'ont donné l'occasion de faire partager tant de moments de rires, de larmes, d'espoirs, de déceptions et, bien au-delà, une immense envie de vivre.

Et à ma « petite mère », qui a guidé mes doigts sur le clavier.

Les anges ne meurent jamais.

TABLE DES MATIÈRES

Direction littéraire
Huguette Maure
assistée de
Fabien Perucca

Composition PCA
44400 – Rezé

Impression réalisée sur CAMERON par

BRODARD & TAUPIN

GROUPE CPI

La Flèche

pour le compte des Éditions Michel Lafon
en avril 2001

Imprimé en France
Dépôt légal : mai 2001
N° d'impression : 7447
ISBN : 2-84098-677-9
LAF 211